Situazioni culinarie

La Didattica delle competenze

Andrea Rosti

L'istruzione scolastica dell'obbligo si è sempre fondata sul concetto di "programma". Le materie storicizzate venivano sempre poste su un asse temporale diacronico e studiate attraverso le fasi scolastiche. Dalla preistoria ai giorni nostri alle elementari, dalla preistoria al mondo contemporaneo alle medie e così via alle superiori e in alcuni casi anche all'università. Questa conoscenza generale totale (perdonate la critica, per forza di cose sommaria e superficiale, per quanto necessaria: "per stupire mezz'ora basta un libro di storia, io provai ad imparare la Treccani a memoria" cantava il matto di De Andrè) è stata applicata praticamente ad ogni materia dello scibile scolastico.

Anche nel campo della didattica culinaria è arrivato questo gusto totalizzante. Pare che dalla prima entrata in laboratorio il giovane cuoco debba realizzare menù di gala completi, dall'amuse-bouche al dessert, quasi non fosse accettabile isolare i concetti e i processi che gli permetteranno, solo in futuro e in ambito lavorativo, di partecipare alla lavorazione di progetti completi.

Questo studio si propone di suddividere l'arte culinaria in una serie di *situazioni tipo* ove possano emergere competenze, conoscenze e gesti atti ad affrontarle, al fine di saper sempre cosa fare qualora le stesse situazioni si ripresentino.

Il testo è rivolto a tutti gli apprendisti di cucina che non vogliano limitarsi a riprodurre una ricetta data, e neppure mettere insieme un menù sommario tentativamente, ma approfondire quelle che sono le tecniche, i gesti, le reazioni, le risposte della materia prima, le fila che governano questo meraviglioso artigianato d'autore.

Nel corso del libro vedrete la luce che viene puntata su tutte le varie situazioni di taglio, le tecniche di cottura e le ricette ragionate.

Saranno costanti le "pillole" che rimandano ad altre materie, la mia convinzione è che il cuoco moderno non sia più solo un uomo di fatica, ma un professionista con competenze culturali, linguistiche e scientifiche.

Inoltre, costanti saranno le immagini, i disegni: in alcuni casi vere e proprie "storyboard" in grado di fermare le ricette, ritrarle e renderle molto più semplici e di impatto anche nei passaggi intermedi.

Ciò detto, vi auguro una gradevole lettura abbinata ad un esercizio costante.

C00. La figura professionale del cuoco

C00.A. La divisa del cuoco

C00.A.1. Le diverse parti della divisa: scopo e utilizzo

Il cuoco è il professionista incaricato della preparazione e della somministrazione degli alimenti.

Il suo lavoro è composto da varie competenze e qualità fondamentali, la prima tra tutte consiste nel rispetto igienico di sé stessi e della propria divisa.

Esatto! Proprio come un giocatore di calcio, il cuoco veste una divisa: non una divisa casuale e anonima, bensì la divisa della propria "Brigata", che lo inserisce e lo rende immediatamente riconoscibile all'interno del proprio team.

La divisa del cuoco è studiata prima di tutto per le sue caratteristiche di sicurezza sul lavoro e la sua funzionalità.

Vediamola subito!

Essa si compone di:

- Giacca doppiopetto da cuoco
- Pantaloni
- Scarpe antinfortunistiche
- Grembiule
- Toque o cappello da cuoco
- Canovaccio o torcione

La giacca doppiopetto da cuoco

La giacca da cuoco è realizzata in cotone, poliestere o un misto tra essi ed è studiata appositamente perché possa garantire freschezza, leggerezza e permetta di affrontare al meglio la performance lavorativa. Essa è inoltre difficilmente infiammabile e può facilmente essere strappata in caso di difficoltà.

Gli Chef famosi e riconosciuti personalizzano la loro giacca con varie coccarde al valore e il loro nome cucito sul petto.

I pantaloni da cuoco

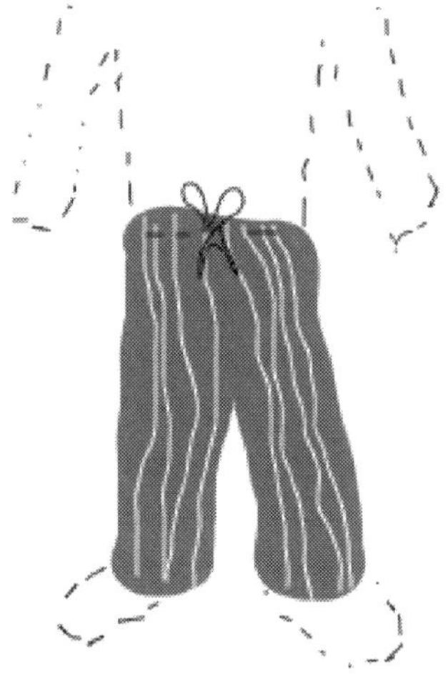

I pantaloni da cuoco rispondono ancora a caratteristiche di sicurezza, leggerezza e comodità. Essi devono poter permettere il movimento comodo e agile (seppure sia vietato correre in cucina) e limitare la sudorazione.

Le scarpe antinfortunistiche

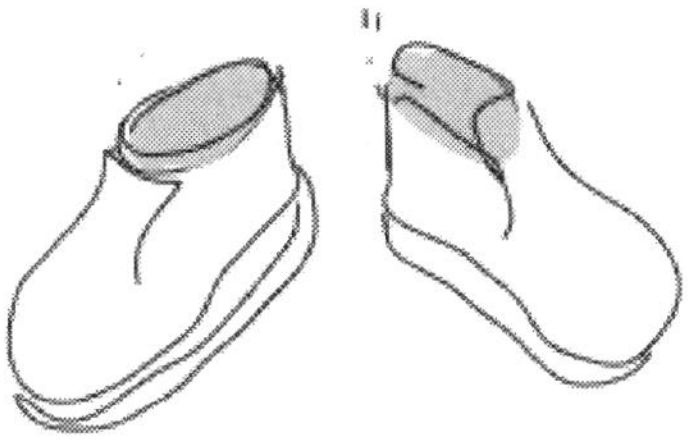

Le scarpe antinfortunistiche sono degli zoccoletti rinforzati atti a prevenire urti e tagli che potrebbero verificarsi incidentalmente con gli strumenti e i macchinari del laboratorio di cucina.

Il grembiule

Il grembiule previene e protegge la divisa del cuoco da eventuali schizzi di cibo e la assicura sempre pulita. Uno Chef, in fase operativa, deve essere sempre munito di grembiule.

Il cappello da cuoco

Il cappello da cuoco (in francese Toque) può essere realizzato in tessuto lavabile e riutilizzabile o in carta monouso ed è un elemento fondamentale della divisa. Esso garantisce l'igiene prevenendo la caduta di eventuali capelli o peli sugli alimenti. Inoltre, protegge il capo da fumi e grassi, garantendo la pulizia personale dell'operatore.

Infine, l'ultimo elemento della divisa, invisibile ma il più importante, è la pulizia e l'igiene. Gli indumenti che la compongono devono sempre essere puliti e stirati. Non è ammesso entrare in cucina con la divisa sporca e non stirata.

Anche l'igiene e la cura personali sono elementi imprescindibili: il cuoco professionista deve avere le mani e le unghie sempre pulite, la barba deve essere rasa oppure curata e rifinita, i piercing e gli orecchini devono essere tolti o coperti.

L'eleganza, l'ordine e la pulizia sono i tratti comuni di tutti i grandi Chef.

C00.B. La brigata di cucina

C00.B. 1. Norme di comportamento per il rispetto di persone, cose, procedure igieniche e di sicurezza.

Verrebbe da dire: “L'unica Norma che vige in cucina è la pasta alla Norma...”

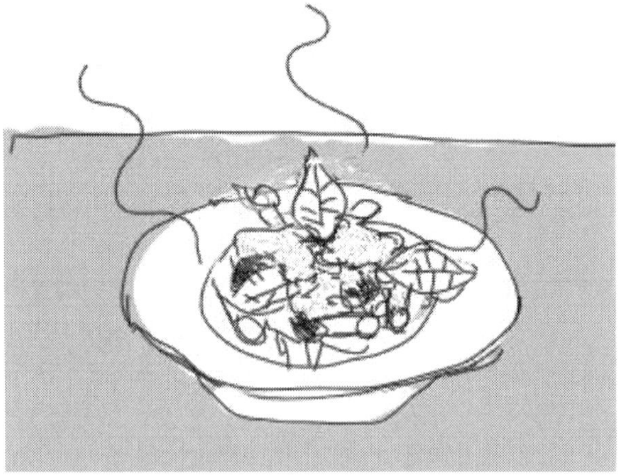

Ma non è così!

Come ho anticipato il lavoro del cuoco è un lavoro di squadra: la “Brigata”.

Come ogni gruppo di lavoro dunque, dalla ciurma dei pirati ai giocatori di una squadra di calcio, essa esige delle regole condivise che determinino una funzionale e vantaggiosa divisione del lavoro.

Per aderire alla “Brigata” di Cucina ogni singolo operatore deve osservare norme di comportamento rispettose di ogni compagno e norme igieniche che assicurino la salubrità e la sicurezza dei cibi serviti.

Non stiamo scherzando!

Questo mestiere bellissimo si avvale dell'utilizzo di macchinari o strumenti potenzialmente pericolosi: ogni cuoco deve conoscere l'utilizzo corretto di ognuno di questi per garantire la sicurezza sul lavoro di sé e dei propri compagni.

Per voi ho realizzato alcune tavole della legge del buon cuoco!

I. Il cuoco deve sempre rispettare lo Chef ed eseguire i compiti a lui assegnati.

II. Il cuoco deve rispettare la struttura ove lavora, curando l'utilizzo corretto degli strumenti e dei macchinari.

III. Il cuoco deve garantire puntualità e rispetto degli orari in cui si svolge il lavoro.

IV. Il cuoco deve rispettare le norme igieniche: nei confronti di sé stesso e degli altri, al fine di garantire la salubrità dei cibi serviti.

V. Il cuoco deve avere cura degli alimenti che utilizza e serve: ogni spreco è vietato.

VI. Il cuoco deve stoccare gli alimenti con cura e precisione: se ha eseguito dei "semilavorati" li deve riporre negli spazi appositi riportando su di essi il nome del prodotto e la data di produzione.

VII. Il cuoco deve sempre aiutare i suoi compagni di "Brigata" sia moralmente che con le sue capacità.

VIII. Il cuoco deve sempre rispettare le norme di sicurezza, ed essere a conoscenza dei primi rudimenti di soccorso in caso di piccoli tagli o ustioni.

IX. Il cuoco deve rispettare e collaborare con le altre figure professionali presenti nella struttura ove opera.

X. Il cuoco deve...Ehi, Relax! Stiamo per intraprendere uno dei più bei mestieri e delle più belle arti che ci siano! Quindi vietato è annoiarsi! Divertiamoci e coltiviamo negli anni il nostro percorso e le nostre capacità.

C00.B.2. Composizione della "Brigata" di cucina: compiti, ruoli e mansioni

La "Brigata" dunque è l'insieme delle figure professionali che compongono la cucina e ognuna di esse ha un compito. Ciò determina la seguente struttura gerarchica.

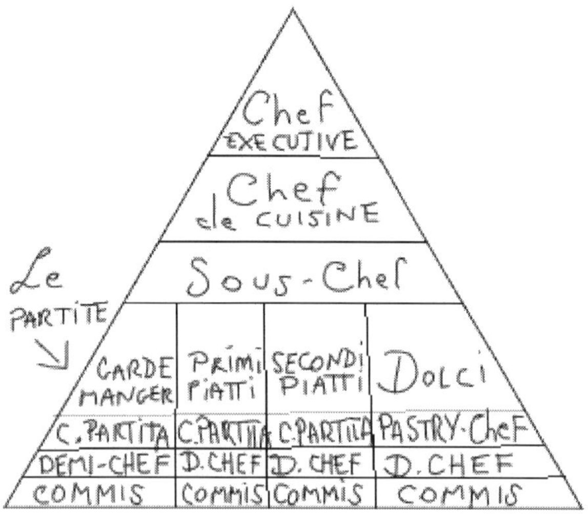

- Lo Chef di cucina è rappresenta il vertice alto della nostra piramide. Egli assegna i compiti e i turni ai cuochi, compone i piatti del menù, gestisce le spese, tratta con i fornitori, supervisiona e dirige. Insomma, se la cucina fosse un film... Lui ne sarebbe il regista!
- Il Sous-Chef è il "braccio destro" dello Chef, l'uomo di maggior fiducia. Aiuta lo Chef in ogni lavoro, e spesso trasferisce le decisioni dello Chef alla brigata. Inoltre, sostituisce lo Chef quando è assente.

Da qui la piramide si allarga e notiamo la cucina divisa in varie "partite": ovvero settori responsabili della preparazione di un determinato alimento (ad esempio la partita degli antipasti e delle lavorazioni fredde, la partita dei primi, la partita dei secondi di carne, la partita dei secondi di pesce e la partita dei pasticceri).

- Lo Chef-de-partie è il capo della sua specifica partita. Egli guida i suoi cuochi affinché lo aiutino a svolgere il lavoro richiestogli dallo Chef.
- Il Commis è il "soldato" semplice di cucina, il cuoco che lavora sotto le direttive del capo-partita. Ogni partita è formata da vari commis in base alla grandezza della "Brigata".
- Lo Stagiere è l'apprendista, il futuro cuoco, chiamato in cucina per aiutare, guardare e imparare. Egli con grande impegno, umiltà ed educazione potrebbe riuscire ad essere assunto come commis e da lì iniziare la sua scalata che magari lo porterà a diventare "Chef-de cuisine".

C00.C. Igiene

C00.C.1. Prime nozioni di igiene in cucina

Prima ho affermato che la componente più importante della divisa è l'igiene: niente di più vero! Presto ci accorgeremo che l'igiene e la pulizia sono ricercate e richieste in ogni luogo, in ogni comportamento e in ogni fase lavorativa...

Il lavoro del cuoco si fa con le mani: dunque partiamo dalle mani!

E' molto importante avere sempre le mani molto pulite e detergerle con accuratezza dopo ogni lavoro! Questo ci permette di evitare pericolose contaminazioni tra gli alimenti: ovvero che i batteri di uno possano passare all'altro!

Dopo pensiamo subito ai banchi di lavoro: cioè le superfici ove operiamo e appoggiamo taglieri, vassoi e teglie. Essi sono in acciaio e la loro superficie deve sempre essere lucida: uno specchio! E' fondamentale dopo ogni lavorazione lavare e sanificare il banco.

Le mani e i banchi sono perfettamente puliti! Possiamo iniziare a lavorare!

La prima fase di ogni lavorazione è la preparazione dell'alimento, e quasi sempre questa consiste nel suo lavaggio.

Vedete! In cucina si lava, si pulisce e si cura l'igiene sempre!

Ma non dobbiamo demoralizzarci! Pulire, lavare e riordinare è bello e aiuta anche a riordinare la nostra mente e i nostri pensieri: da un certo punto di vista rilassa!

Inoltre, non dobbiamo mai dimenticare che abbiamo un lavoro di grande responsabilità: stiamo lavorando degli alimenti che poi verranno serviti ai clienti che li mangeranno.

Al cuoco dunque è richiesta grande serietà, conoscenza e responsabilità: sulla salute delle persone non si scherza!

N.B. Inoltre ricordiamoci che periodicamente alcuni enti vengono in cucina a verificare lo stato igienico per garantire la sicurezza alimentare, ragione in più per pulire e lavare sempre tutto, altrimenti essi faranno chiudere il nostro ristorante!

C00.D. Sicurezza

C00.D.1. Le prime nozioni di sicurezza in cucina

La sicurezza non è solo quella alimentare derivante dall'igiene: c'è anche la sicurezza sul lavoro! Ogni cuoco ha il diritto di lavorare in una cucina che gli assicuri di operare in sicurezza. Altresì ogni cuoco ha il dovere di rispettare tutti i comportamenti e le procedure che garantiscono la sicurezza sua e dei suoi colleghi di lavoro.

Ricordiamoci che noi useremo dei macchinari stupendi ma anche, se usati in modo scorretto, estremamente pericolosi. Non possiamo giocare con forni che raggiungono temperature da capogiro, fuochi, coltelli e pentole bollenti: pena l'espulsione e il licenziamento dalla cucina!

Rispettando l'utilizzo di ogni strumento e lasciando certi scherzi a quando, dopo il lavoro, ci ritroveremo al bar con gli amici, possiamo essere certi di farlo anche in totale sicurezza.

C01.A. Gli ambienti di cucina

Entriamo subito in una cucina professionale!

Notiamo subito che essa è divisa in varie aree: ognuna di esse è specifica ed è dedicata a una mansione precisa al fine di organizzare una funzionale catena di lavorazione e distribuzione degli alimenti.

C01.A.1. Area di ricevimento delle merci

Come quando cuciniamo a casa la prima cosa da fare è la spesa!

Alcuni grandi Chef vanno personalmente ogni mattina al mercato ad acquistare le migliori primizie che offre.

Altri invece preferiscono acquistare gli alimenti dai fornitori.

Detto ciò, ogni cucina ha degli spazi dedicati ad accogliere e stoccare le merci.

Appena il fornitore ci consegna gli alimenti noi li dividiamo ordinatamente in magazzini, dispense, celle e frigoriferi dedicati ad accoglierli.

E' molto importante suddividere i prodotti ordinatamente: un magazzino per farine e cereali, un’altra dispensa l'olio, in una cella le verdure, in un'altra le carni, in un'altra ancora i prodotti ittici.

Ovviamente non tutte le cucine hanno a disposizione spazi illimitati: esistono cucine piccolissime! A volte bisogna fare di necessità virtù e stringere le cose. In queste realtà dobbiamo essere ancora più bravi ed ordinati, cercando sempre di dividere i prodotti in base al loro genere e alla loro modalità e temperatura di mantenimento.

La cosa fondamentale è che i prodotti siano sempre conservati ordinatamente e osservando le migliori misure igieniche.

In caso contrario si rischia di fare andare a male molti alimenti.

Assieme alle merci il nostro fornitore ci rilascerà una "bolla" ove ci saranno annoverati tutti i nostri acquisti.

Sarà compito dello Chef assicurarsi che siano effettivamente arrivate e non manchi nulla!

C01.A.2. Area di preparazione

Gli alimenti prima di poter essere cotti o trattati in altro modo vanno lavati, curati, eventualmente stoccati, con tecniche proprie e specifiche di ciascun alimento.

La cucina deve dunque avere un'area dove viene lavata la verdura, curato e sezionato il pesce, disossata e tagliata la carne.

Nelle grandi cucine degli Hotel ogni tipologia di alimento ha addirittura una stanza dedicata, ma anche nelle piccole cucine è opportuno differenziare banchi di lavoro e lavandini tra i vari alimenti al fine di evitare indesiderate contaminazioni tra essi.

I cibi dopo aver ricevuto questo trattamento preliminare possono finire direttamente in padella, oppure essere nuovamente stoccati in frigoriferi e celle, pronti per essere utilizzati nelle ultime fasi di lavorazione.

C01.A.3. Area di cottura

Eccoci arrivati al vero cuore pulsante della cucina.

I cuochi stanno lavorando incessantemente e silenziosamente: solo il ticchettio veloce e ritmico dei coltelli e le padelle che sfrigolano si possono udire. Ognuno è concentrato per eseguire al meglio le proprie mansioni.

Entriamo con attenzione:

Qui vediamo che essi utilizzano fornelli, piastre a induzione, forni.

Ognuno lavora nel massimo dell'ordine e rispettando le norme igieniche. Sembra che per ogni cosa che si sporchi prontamente ne vengano pulite due!

Qui i cibi vengono cotti o trattati col fine di essere serviti.

Vediamo che non tutti gli alimenti vengono portati al "Pass" per essere serviti in sala dallo Chef: alcuni ancora una volta vengono trattati per poter essere ulteriormente essere stoccati nei frigoriferi ed essere pronti in "Linea".

La “Linea” è quella serie di alimenti, nella loro ultima fase di preparazione, che se assemblati permettono di costruire e finire i piatti elencati nel Menù.

<u>C01.A.4. Il “Pass”</u>

Il “Pass” è la cattedra dello Chef!

Come gli scolari portano esitanti i loro compiti al professore, così i cuochi portano i loro piatti e le loro preparazioni al “Pass”, dove lo Chef le visiona, le rifinisce, le serve...oppure le boccia e le fa ritornare indietro perché vengano eseguite meglio, proprio come lui le ha insegnate alla sua “Brigata”.

Il “Pass” è l'ultimo territorio del regno della cucina, quando i piatti lo attraversano vengono affidati ai camerieri, i quali li porteranno in sala ai clienti.

C01.B. Le attrezzature in cucina

C01.B.1. Impianti e macchinari

La cucina professionale si avvale anche di macchinari specializzati necessari per trasformare gli alimenti.

Rientriamo nella nostra cucina per vedere e conoscere i principali macchinari in uso.

1. Le piastre a induzione: le padelle e le pentole sfrigolano sopra delle piastre lisce (a induzione appunto) che le riscaldano per delle leggi di magnetismo.

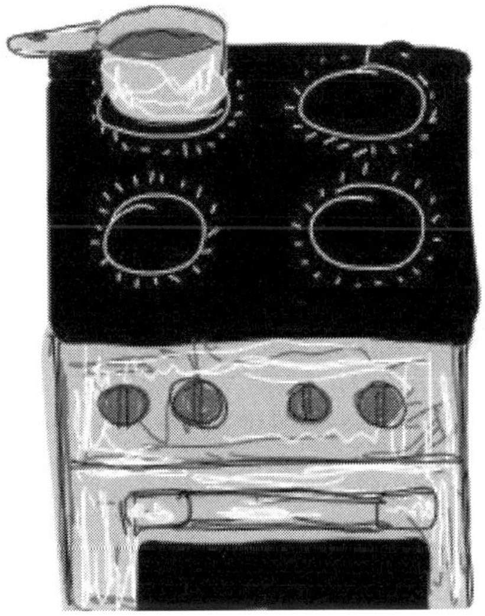

2. La Stufa o i "fuochi": in molte cucine le preparazioni vengono cotte sopra a stufe a gas ove è il fuoco a scaldare le padelle.

Un grande dibattito tra i cuochi è questo: “meglio la stufa con i fuochi oppure le piastre a induzione?”.

La risposta la scoprirà ognuno di voi con l'esperienza, dopo avere provato sia le stufe a gas, sia quelle a induzione.

Per ora giriamo le manopole e scaldiamo subito le nostre padelle.

3. Il forno: esso è composto da una camera che riceve il calore e da una fonte annessa alle sue pareti interne. Gli alimenti devono essere posti all'interno di questa camera e l'operatore, selezionando certi parametri, che lo comandano decide il tipo di cottura da effettuare, riscaldando l'ambiente della camera stessa.

Esistono varie tipologie di forno.

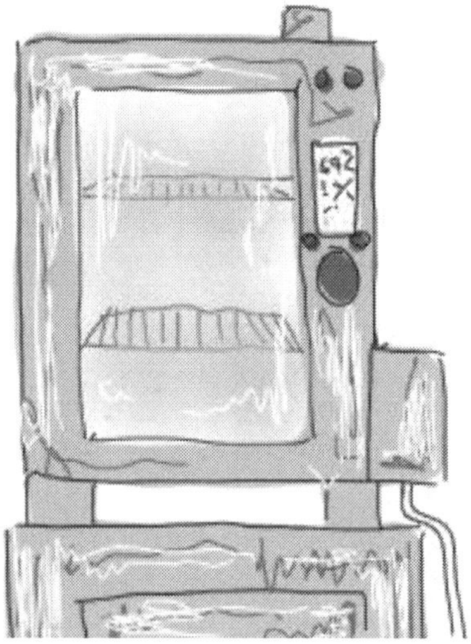

Camminando in cucina notiamo che il nostro forno è un forno elettrico.

Esso ha un display e tramite un comando “Touch screen” possiamo decidere che tipo di calore impostare. I parametri fondamentali di ogni forno non sono molti e possono essere facilmente ricordati:

- temperatura
- tempo di cottura
- ventilazione
- secchezza/umidità (essa è espressa in percentuale e può variare da 0 a 100%)

Conoscendo meglio il nostro forno impariamo che i parametri da modificare sono molti e sono tutti finalizzati a ottenere delle cotture perfette e accurate.

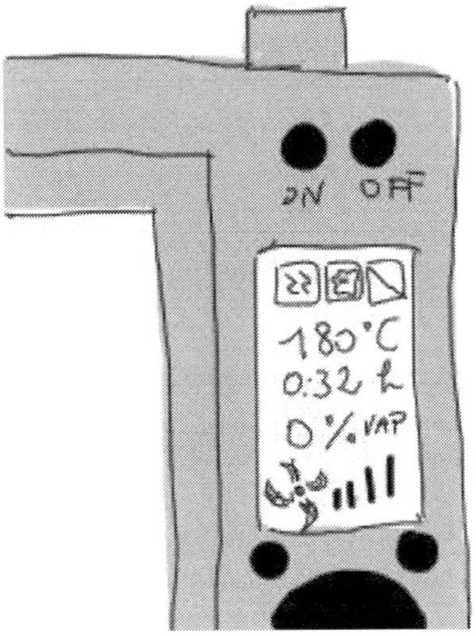

4. La piastra e la griglia: questa superficie serve evidentemente per grigliare gli alimenti, sottoponendoli ad un calore intenso caramellandone la superficie. Così come per gli altri macchinari esistono griglie e piastre elettriche o a gas.

5. La friggitrice: è una vasca che viene riempita di grasso, solitamente olii vegetali, che viene riscaldato e permette l'immersione e la conseguente frittura degli alimenti. Il calore viene trasferito al grasso tramite una fonte elettrica o a gas.

La friggitrice è dotata di un canestro metallico che, immergendosi nel grasso caldo, ospita gli alimenti, senza farli disperdere e permettendone un semplice ripescaggio.

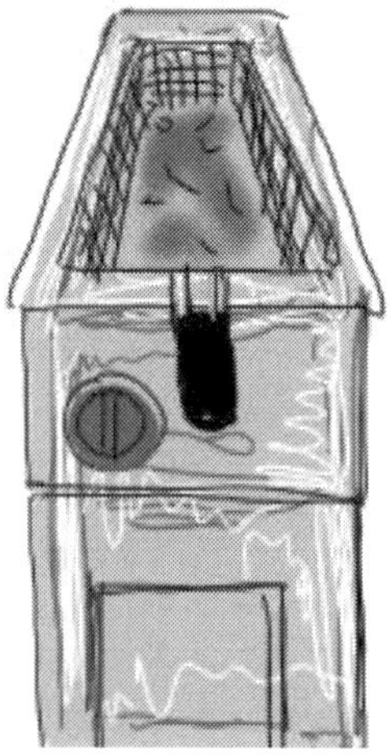

6. Il bollitore: anche esso si compone di una vasca, in questo caso riempita d'acqua, che tramite una fonte di calore elettrica o a gas viene portata a ebollizione. Il bollitore risulta dunque, date le sue dimensioni, molto utile per la cottura di grandi quantitativi di pasta.

7. Il frigorifero, il freezer e l'abbattitore: questi tre macchinari consistono in delle camere dove viene realizzato artificialmente il freddo, vengono azionati tramite l'elettricità. Tra essi esistono delle sostanziali differenze.

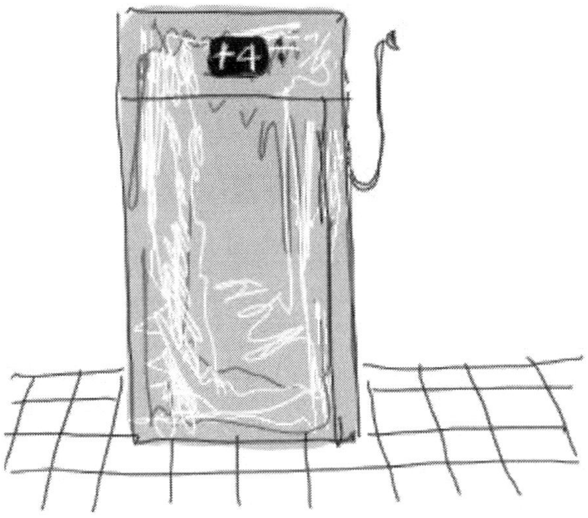

Essi quindi differiscono per temperature, per la velocità tramite la quale riescono a congelare o surgelare i prodotti, e per il loro utilizzo: il frigorifero e il freezer sono costantemente in azione e sono studiati per mantenere i cibi in un determinato stato a una determinata temperatura, l'abbattitore deve invece essere utilizzato solamente all'occorrenza, quando appunto dobbiamo surgelare o raffreddare un alimento molto velocemente, oppure dobbiamo sottoporlo a temperature così basse (per motivi di sicurezza alimentare) che un freezer non riuscirebbe a raggiungere.

C01.B. 2. Piccola attrezzatura di cucina

La cucina professionale non si compone solamente di grandi macchinari, ma anche da piccoli o medi strumenti di lavoro, che il cuoco professionista deve essere esperto nell'utilizzare per i suoi scopi.

I principali sono:

1. La affettatrice: è composta da una lama circolare, liscia e rotante e un corpo che la aziona e la ospita. La affettatrice serve ad eseguire tagli molto sottili, affettare appunto: viene utilizzata soprattutto con i salumi, ma anche con moltissimi altri alimenti. È un macchinario molto utile, ma deve essere maneggiato con cura, attenzione e seguendo le norme di sicurezza necessarie, poiché in caso contrario potrebbe causare anche gravi incidenti di taglio.

2. La planetaria: è composta da un cestello fisso al cui interno un motore fa girare vorticosamente tre tipi di terminali: la foglia, il gancio o la frusta. Molto utilizzata in pasticceria la planetaria ospita al suo interno impasti o misture che subendo questa forza cambiano il loro stato.

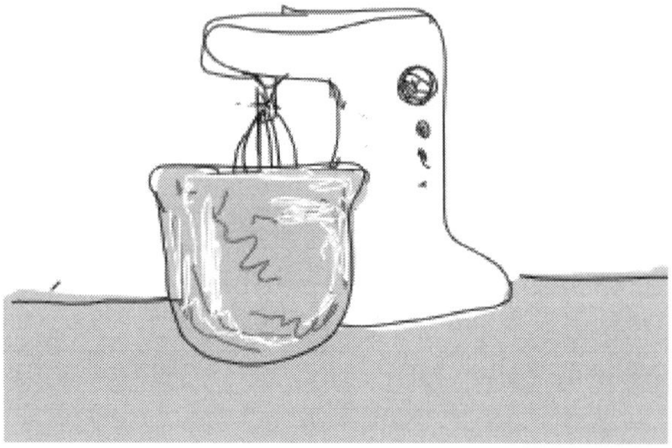

3. Pentole, casseruole e padelle: Ne esistono di ogni forma, dimensione, materiale e sono adatte alle più svariate cotture e ad ogni alimento.

Ricordiamo che se utilizziamo le piastre a induzione dobbiamo utilizzare solamente alcuni tipi di pentole adatte per materiale e peso. Ad esempio, l'induzione non accetta il rame o l'alluminio, oppure le pentole con il fondo arrotondato.

La tecnologia porta a sperimentare sempre nuovi materiali nel mondo delle padelle e delle pentole: materiali antiaderenti, pietre diamantate, ecc. Molte di queste soluzioni sono davvero efficaci e portano a risultati stupefacenti, ma anche qui non dimentichiamo che i grandi classici non tramonteranno mai...

4. Coltelli: Il coltello è per il cuoco ciò che la bacchetta è per il mago.

Ogni Chef è molto legato affettivamente ai propri coltelli, li mantiene affilati e difficilmente li presta.

I coltelli si divino in varie tipologie in base al loro utilizzo.

Conosciamo i vari coltelli per formare il nostro set:

- Il "trinciante" o "coltello dello Chef"

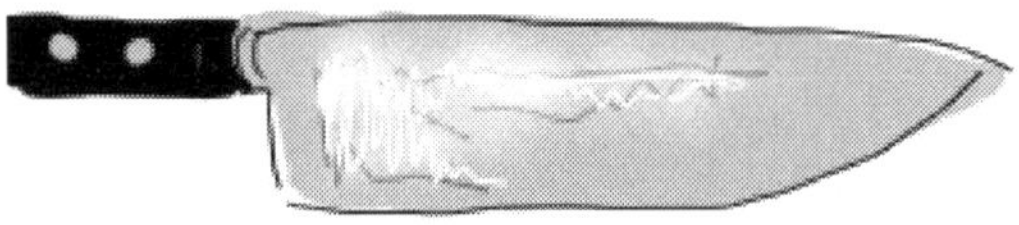

Il trinciante è il principe dei coltelli! Il coltello personale dello Chef!

La sua lunghezza varia circa dai 18 ai 28 cm, la forma e dritta, leggermente curvata sulla lama in modo da permettere l'agile scorrimento nei tagli veloci.

Questo coltello è veramente usato per ogni cosa: carne, pesce, verdure.

- Lo "sfiletta-pesce"

Lo sfiletta-pesce è il coltello specifico nella lavorazione del pesce. E' un coltello estremamente flessibile e sottile e per questa sua caratteristica è molto efficace nello smontare i filetti dalla lisca centrale dei pesci. La sua lunghezza è variabile tra i 15 e i 35 centimetri e deve sempre essere estremamente affilato per non rovinare e sfilacciare una materia prima così pregiata e costosa.

- Il "disosso" o "boucher"

il "disosso" è il coltello del macellaio! È il coltello principale nella lavorazione della carne e permette, con il corretto utilizzo, di sezionare gli animali e isolare la carne dalle ossa.

Ha una lunghezza variabile dai 10 ai 20 centimetri e la lama può essere più o meno flessibile in base al tipo di carne che si intende macellare.

- Gli "spelucchini"

Gli spelucchini sono coltellini molto duttili in cucina. La loro lunghezza varia dai 5 ai 10 centimetri circa e il loro uso è il più svariato data la loro comodità.

Esistono due tipi di spelucchini: quelli a lama dritta e quelli a lama curva.

Gli spelucchini a lama dritta permettono precisi tagli lineari sul tagliere, quelli a lama curva sono insuperabili nei tagli aerei e nelle torniture.

4. I taglieri

Il tagliere è la superficie piana dedicata al taglio.

Nelle cucine professionali il vecchio tagliere di legno è stato sostituito, per motivi igienici, dal tagliere in polietilene.

È fondamentale che il tagliere sia sempre pulito e lavato dopo ogni utilizzo per evitare pericolose contaminazioni tra gli alimenti.

I taglieri hanno una durata: occorre sostituirli quando sono segnati, poiché nelle solcature si infiltrano lo sporco e i batteri.

I taglieri vengono suddivisi in base al tipo di alimento che viene tagliato su di essi e il loro colore li determina:

- Il tagliere verde

Al colore verde corrispondono le verdure crude. Qui si effettuano i tagli di carote, cipolle e quant'altro. Ricordiamoci sempre di lavarlo con cura dopo il taglio di verdure dal sapore particolarmente forte: altrimenti anche le verdure che verranno tagliate successivamente verranno contaminate anche nel gusto.

- Il tagliere azzurro

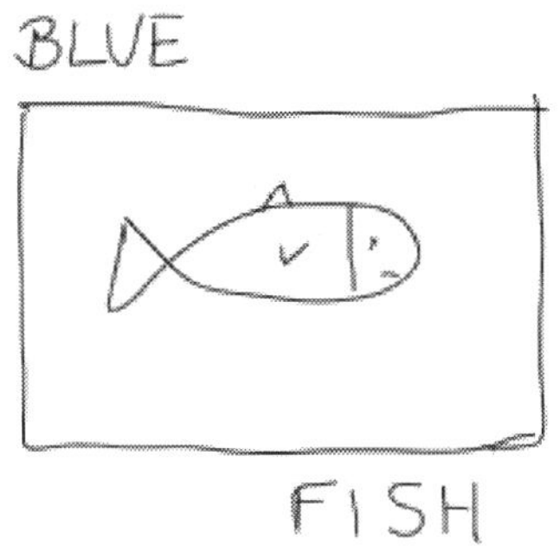

Il colore azzurro corrisponde al pesce crudo. Proprio qui si sfilettano i pesci con il coltello specializzato. Ricordiamo sempre di pulire il tagliere azzurro con una spatola detta "tarocco" dopo ogni singolo taglio: altresì la superficie diventerebbe presto viscida rendendo pericoloso ogni taglio successivo.

- Il tagliere rosso

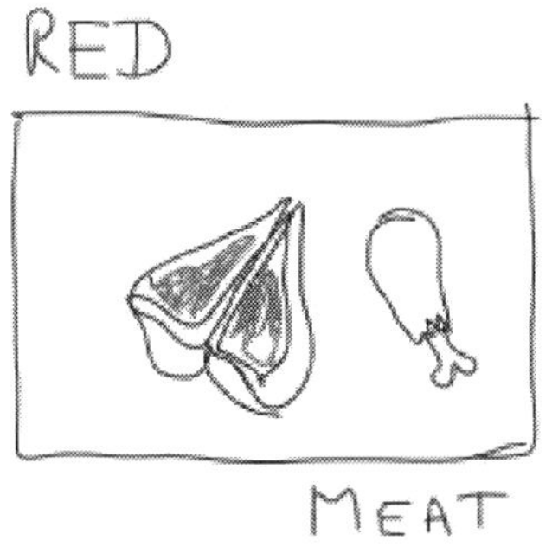

Il colore rosso corrisponde alla carne cruda. Sopra di esso si effettuano disossi di piccoli animali e i tagli delle carni.

- Il tagliere bianco

Il colore bianco corrisponde agli alimenti cotti. È molto importante differenziare gli alimenti cotti dagli alimenti crudi per evitare la pericolosa "contaminazione crociata": ovvero il passaggio di microbi da alimenti contaminati ad altri.

Dal momento che gli alimenti cotti finiscono poco dopo nel piatto del cliente, una contaminazione in questa fase diverrebbe molto pericolosa!

4. Altri strumenti: Completiamo il corredo degli oggetti necessari per permettere al buon cuoco di operare! Guardiamoci intorno, ne noteremo ovunque: ordinati in scaffali, dentro i cassetti, appesi alle cappe.

- I mestoli: ce ne sono di ogni dimensione e servono a raccogliere e trasferire le sostanze liquide da un recipiente a un altro.

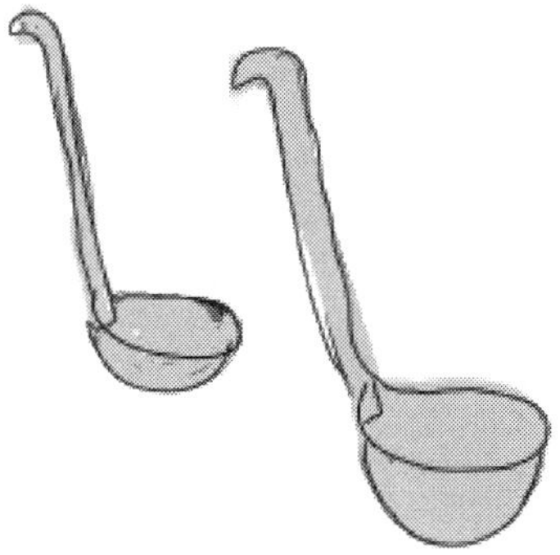

- La schiumarola: è un mestolo piatto e bucherellato, adatto a raccogliere la materia solida all'interno di un liquido senza che esso venga coinvolto.

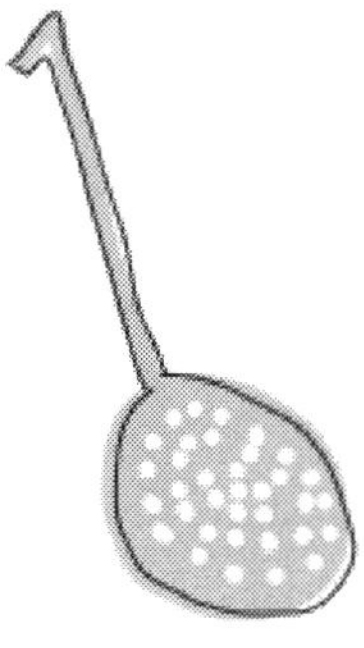

Il ragno: simile alla schiumarola, ma avente, nella parte che raccoglie, una griglia in metallo più ariosa rispetto a quella della schiumarola. Serve nelle fritture per scolare il prodotto a fine cottura.

- Gli uncini e i forchettoni: dagli svariati utilizzi essi possono arpionare la carne e attorno ad essi possono essere arrotolati gli spaghetti.

- Le spatole: sono composte da una superficie liscia in metallo attaccata ad un manico. Esse hanno svariati utilizzi: possono girare gli alimenti sulla griglia, trasferire le torte dalla teglia al piatto, possono spianare le creme. Le spatole fanno sentire il cuoco come un vero scultore che costruisce la sua opera d'arte.

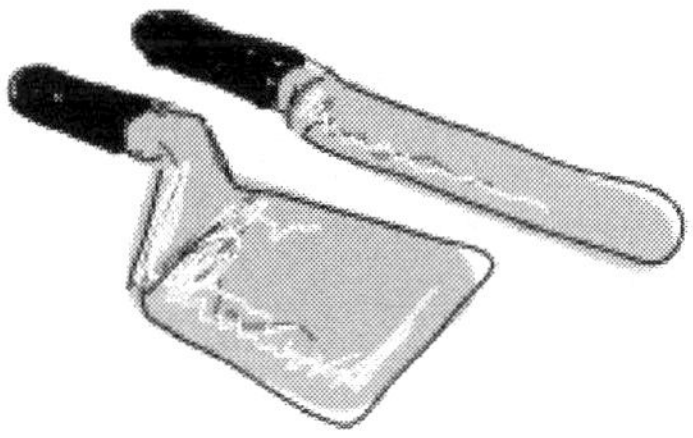

- Le pinze e le pinzette: di varie misure e forme permettono di raccogliere gli alimenti e facilmente trasferirli e servirli.

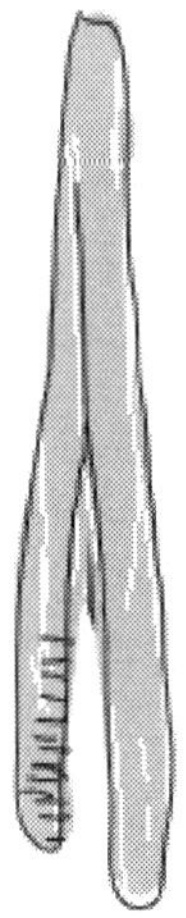

- I vassoi: solitamente in metallo e di forma ovale sono essenziali nello spostamento degli alimenti in cucina. Sono molto comodi per appoggiare i cibi crudi e quelli cotti...Attenzione però a non appoggiare nello stesso vassoio gli alimenti crudi con quelli cotti! Rischiereste una pericolosa contaminazione.

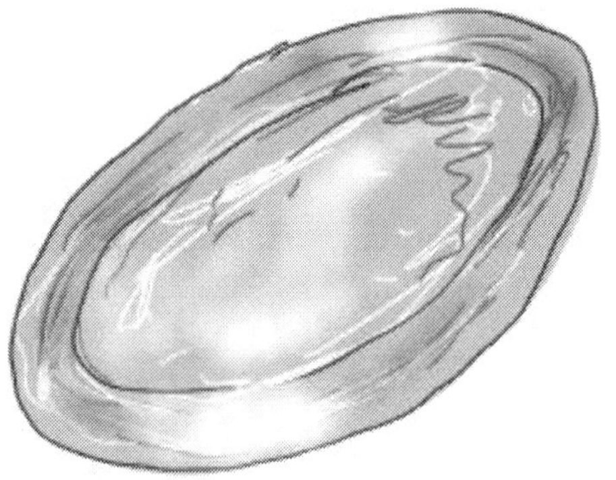

- Le boule: sono dei contenitori, spesso in metallo, ma possono essere anche in plastica o in vetro, ove vengono inseriti gli alimenti. Molto duttili e utilissime, i cuochi cercano sempre di non restare senza boule a disposizione.

- La bastardella: è una boule con il fondo arrotondato, per cui risulta una perfetta semisfera. Al suo interno si eseguono le “masse montate” quindi molto spesso la userete assieme alla frusta.

- La frusta: strumento per eccellenza del pasticcere la frusta è composta da un manico e da un apparato di fili metallici arrotondati uniti ad esso. Con la frusta possiamo fare lo zabaione, la maionese e sbattere le sostanze liquide per montarle o emulsionarle.

- La “marisa” o “lecca-pentole”: è una spatolina di gomma che per la sua morbidezza, adattandosi alla forma delle boule e delle pentole, sa raccogliere fino all'ultima goccia di ogni prodotto.

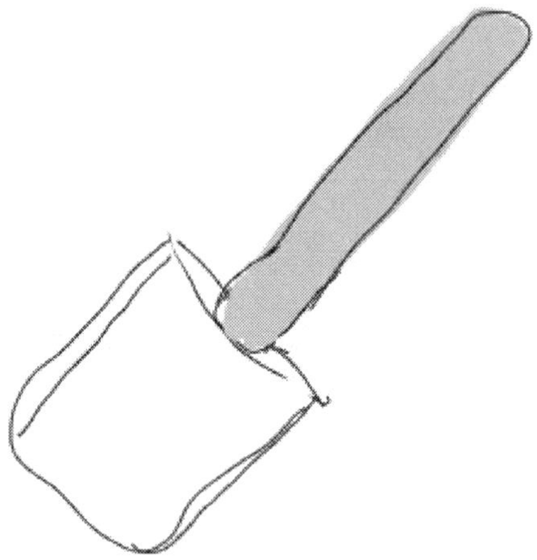

- Il cucchiaio di legno: ha quasi ovunque lasciato spazio, per motivi di igiene, ad altri materiali, ma è utilissimo per mescolare risotti e stufati. Sicuramente anche quelli di nuova generazione ne hanno mantenuto la forma e il colore.

N.B. Se avete ancora i vecchi cucchiai di legno ricordatevi di usarne uno per il salato e uno per il dolce e di non sostituirli mai. Il legno sa assorbire gli odori e i sapori.

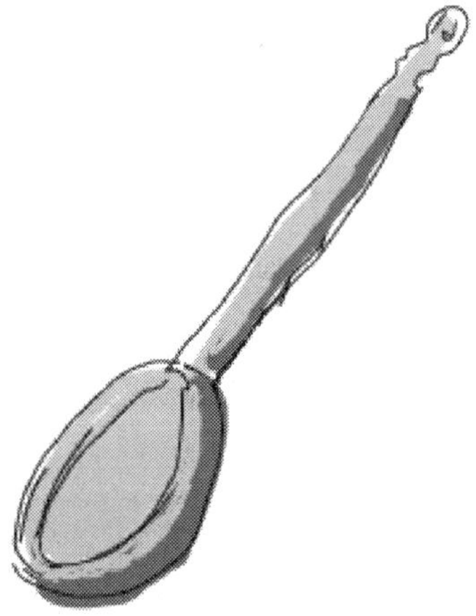

- I frullatori: esistono quelli a bicchiere e quelli ad immersione, alcuni sono molto costosi ed altri invece economici: ma sono sempre molto comodi e indispensabili per fare buone creme e passati di verdura.

- Gli scolapasta e i colini: differenti per forma e utilizzo sono uniti dal fatto di essere dei recipienti con molti fori atti a scolare gli alimenti, facendo passare il liquido e trattenendo gli elementi solidi.

- Il mattarello: è il migliore alleato delle nostre nonne: permette di realizzare le migliori sfoglie di pasta fresca “fatta in casa”. Esso è semplicemente costituito da un lungo cilindro in legno perfettamente dritto e liscio: scorrendolo sopra l’impasto trasforma via via in una sfoglia semitrasparente e vellutata.

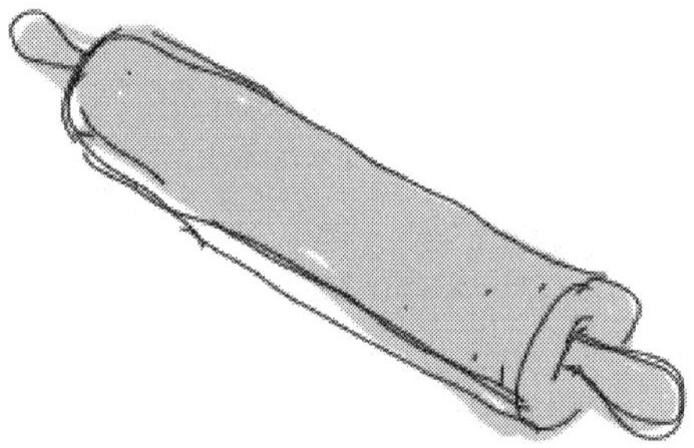

Questo elenco racchiude quelli che sono gli strumenti principali del lavoro del cuoco, ma non basterebbe un libro intero per annoverare tutti gli attrezzi specialistici per ottenere risultati straordinari nella trasformazione degli alimenti: mantecatrici, passa-verdure, schiaccia-patate, coppa-pasta, sfogliatrici, ecc.

Insomma, questo meraviglioso mestiere artigianale si basa sulla competenza nell'utilizzo di macchinari e utensili: imparare ad usarli tutti è una sfida e ci assicurerà un posto di rispetto all'interno della brigata di cucina.

Il sottovuoto

Il confezionamento sottovuoto è un sistema che consiste nell'eliminazione dal contenitore di tutta l'aria presente, o solo di alcuni gas, come l'ossigeno principale responsabile dell'ossidazione.

Grazie alla tecnica del sottovuoto gli alimenti possono essere conservati più a lungo: infatti in assenza di aria la maggior parte dei microorganismi e dei batteri non può svilupparsi.

Questa tecnica inoltre permette di conservare il sapore, il colore, il profumo e le proprietà nutrizionali dell'alimento.

Possono esser sottovuotati sia i cibi crudi che cotti (semilavorati) e spesso essi vengono successivamente abbattuti o refrigerati.

In ambito professionale la macchina sottovuoto ha forma "a campana", molto funzionale e in grado, in base ai modelli, di creare anche atmosfere modificate, sostituendo all'aria particolari miscele gassose (patate chips in bustina ad esempio).

La conservazione sottovuoto permette: grande rispetto degli alimenti, pulizia, precisione e professionalità. Dobbiamo sempre abbinare ad essa un efficiente sistema di etichettatura che certifichi di che prodotto si tratta, quando è stato lavorato e confezionato sottovuoto, entro quando va utilizzato e consumato.

La conservazione degli alimenti

La conservazione degli alimenti è uno dei processi fondamentali della trasformazione alimentare che si prefigge come scopo il preservare nel tempo la commestibilità del prodotto.

Essa tende ad evitare la proliferazione di batteri, funghi, muffe e altri microorganismi che, all'interno dei cibi, tendono a produrre sostanze di scarto tossiche per l'uomo.

Gli stessi elementi fondanti la vita terrestre, l'aria e l'acqua, sono responsabili del deperimento dei prodotti portando la frutta a marcire, la carne a putrefarsi o il formaggio a muffire.

Esatto! Proprio come noi i microrganismi si trovano bene alle giuste temperature, con disponibilità di acqua, nell'ambiente e l'atmosfera più confortevoli.

Immaginiamo per un attimo di essere dei microorganismi e andiamo a vedere perché le tecniche conservative ci renderebbero la vita impossibile.

Eccoci! Siamo in un deserto di sale: non c'è più nessuna fonte di acqua disponibile; le ultime gocce sono salate come il mare! Sale, sale ovunque...

Per fortuna ora siamo in tutt'altro luogo, ma anche qui non va meglio: è freddissimo e noi siamo nudi. Siamo a -40°C e completamente nudi! Quanto resisteremo?

Ancora una volta quando credevamo di non farcela siamo stati trasportati in un ambiente diverso: qui è tutto meraviglioso! Marmellata e gelatine di frutta ovunque. Si sta benissimo: ora però desideriamo un poco di acqua. Ma non c'è! Al suo posto solo sciroppo e melassa. Tutto attorno a noi è appiccicoso e ci incolla. Quello che ci sembrava un potere da re Mida, trasformare il mondo in zucchero, ora ci sta stritolando...

Siamo ancora vivi. Ma in ogni scenario è sempre peggio! Ora siamo sommersi nell'olio senza poter respirare, dopo verremo fatti bollire nell'aceto e gettati in un bagno salino, infine saremo messi in una busta da cui l'aria verrà risucchiata via.

Ora capite che i batteri non se la passano bene!

Ma dobbiamo sapere che i batteri sono molto più forti e resistenti di noi.

Quindi dovremo sempre seguire, nello svolgere ogni fase di ogni tecnica conservativa, le norme di sicurezza alimentare necessarie.

Quest'anno vedremo alcune delle più diffuse tecniche conservative degli alimenti: ricordiamo sempre che pulizia, igiene e ordine sono alla base di tutto e in queste lavorazioni delicate assurgono ad un livello sacro.

- Sottaceto: è un metodo di conservazione tramite fermentazione anaerobica data da una salamoia che produce i batteri dell'acido lattico o marinando il cibo in una soluzione acida come l'aceto. Il ph dei sottaceti risulta inferiore a 4,6, sufficiente ad eliminare la maggior parte dei batteri.

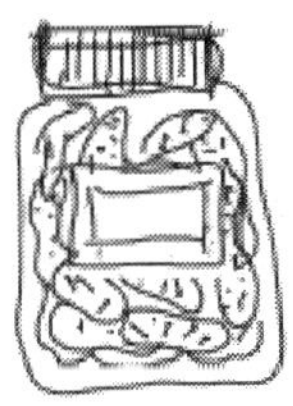

- Sottolio: il principio di questo tipo di conservazione è quello di isolare l'alimento dall'aria atmosferica limitando la disponibilità di ossigeno ai germi aerobi (quelli che per vivere e riprodursi hanno bisogno di ossigeno). Naturalmente la sola conservazione sottolio a crudo non ha alcun effetto sui batteri anaerobi (quelli che per vivere e riprodursi non hanno bisogno di ossigeno). Pertanto, prima e dopo l'immersione in olio gli alimenti necessitano di un trattamento termico. Di solito vengono fatti bollire sottaceto e poi immersi in olio in vasetti sterilizzati.

- Salagione: Essendo il sale igroscopico esso elimina l'acqua libera dagli alimenti, bloccando le funzioni vitali dei microorganismi. Pare che tale metodo sia tra i più antichi, infatti già in Babilonia era in uso per conservare la carne di montone. La salagione può essere effettuata in due modi: in salamoia, un composto di acqua e sale in percentuale variabile ove vengono immersi gli alimenti, oppure la salagione a secco, più lenta ma più efficace, ove il sale grosso è a diretto contatto con l'alimento.

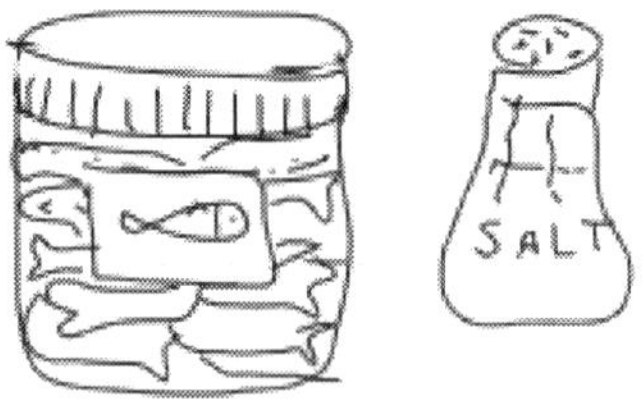

- Essiccazione: consiste nell'eliminare la componente acquosa degli alimenti, rendendoli inattaccabili da germi e batteri, poiché inospitali. Il prodotto essiccato conserva a lungo le sue qualità organolettiche e nutritive rendendo disponibili tutto l'anno prodotti come fiori, frutta e funghi. Tradizionalmente si seccano gli alimenti esponendoli, tagliati in piccole parti, ai raggi solari in un ambiente secco e ventilato, ma industrialmente esistono macchinari deputati detti essiccatori.

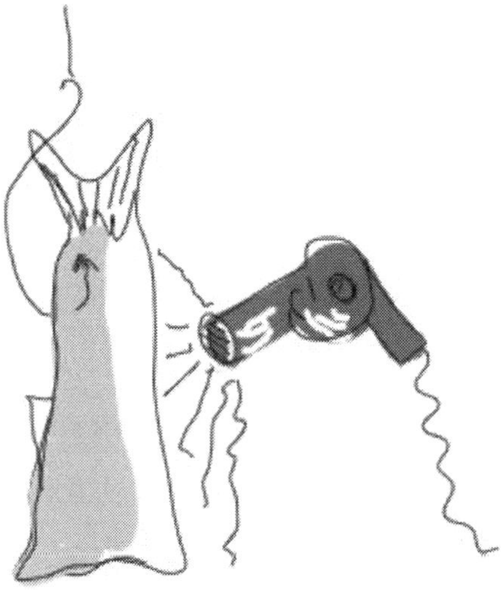

- Conservazione con lo zucchero: Lo zucchero agisce nello stesso modo del sale, penetra nei tessuti e catturando l'acqua disidrata l'alimento, creando un habitat non idoneo alla vita e proliferazione dei batteri. Alcuni microrganismi resistono, quindi questa tecnica viene sempre associata alla sterilizzazione termica.

Le conservazioni alimentari hanno permesso di avere a disposizione alimenti in periodi dell'anno in cui la natura è meno generosa, ma da un fatto di necessità esse hanno creato cibi particolari che sono fortemente entrati nella nostra cultura e nel nostro bagaglio gustativo. Marmellate, funghi secchi, acciughe salate, salmone affumicato, baccalà, ciliegine sotto-spirito sono solo alcuni dei meravigliosi alimenti che ora desideriamo anche quando abbiamo a disposizione alimenti freschi. La conservazione alimentare si può dire che ha superato i confini del necessario per entrare nella sfera sensoriale del piacere, del desiderio e dell'emozione.

C1. Preparazione delle materie prime

C1.A. Le verdure

C1.A.1. Mondare, lavare e tagliare le verdure

Iniziamo a lavorare!

Ogni stagione dell'anno ci regala meravigliose verdure con cui comporre piatti colorati e gustosi.

Impariamo a lavorarle.

Per prima cosa dobbiamo sempre lavarle perché potrebbero ancora recare tracce di terra. Inoltre, molte verdure, nella fase di coltivazione, vengono trattate con prodotti non esattamente commestibili perché non vengano intaccate da insetti e animaletti: quindi dobbiamo sempre assicurarci di lavarle bene prima dell'utilizzo!

Conosciamo le verdure di base, che non possono mancare in ogni cucina, poi impariamo anche a lavarle, curarle e predisporle ad ogni taglio e lavorazione.

- La cipolla

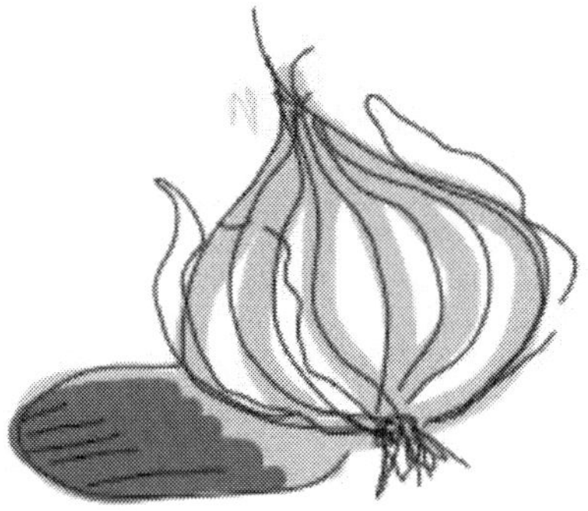

La cipolla è una pianta bulbosa della famiglia delle "liliacee" che vive sottoterra ed è formata da foglie modificate che presentano un'epidermide.

Le foglie più esterne della parte bulbosa sono estremamente secche: esse vanno esfoliate nel mondare la cipolla...Ma attenzione a non piangere! La cipolla infatti contiene delle sostanze volatili che entrando nel nostro naso ci fanno bruciare gli occhi e lacrimare.

Ecco ora la cipolla è pronta per essere lavorata e tagliata.

- La carota

La carota è una pianta erbacea appartenente alla famiglia delle Apiaceae dal fusto di colore verde. La parte che comunemente mangiamo è la radice a fittone di forma cilindrica allungata e colore arancione.

Nel lavorare la carota dobbiamo per prima cosa lavarla, infatti essa cresce sottoterra! Dopo spelliamo la sua superficie più esterna con un comune "pela-patate".

- Il sedano

Il sedano è una specie erbacea appartenente alla famiglia delle "Apiaceae". La parte usata in cucina è divisa in parti volgarmente chiamate "coste".

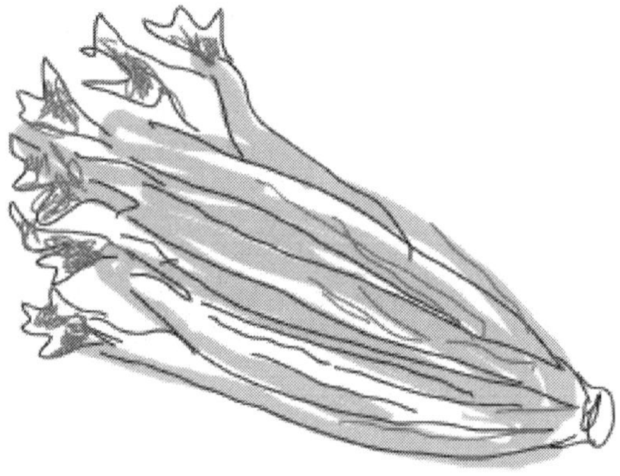

Il sedano naturalmente va lavato con attenzione, soprattutto nella parte basale reca abbondanti tracce di terra. Dopo averlo lavato dobbiamo sfibrarlo sbucciandolo con il pela-patate. Ora è pronto per l'utilizzo.

- La patata

La patata è un tubero commestibile appartenente alla famiglia delle Solanacee.

Originaria del Centro e Sud America è stata portata in Europa dagli spagnoli intorno al 1570.

Esistono moltissime varietà di patate e in cucina vengono suddivise in varie categorie in base al loro utilizzo. Incontreremo patate per realizzare buonissimi purè e gnocchi e altre invece molto adatte ad essere fritte o cotte al forno.

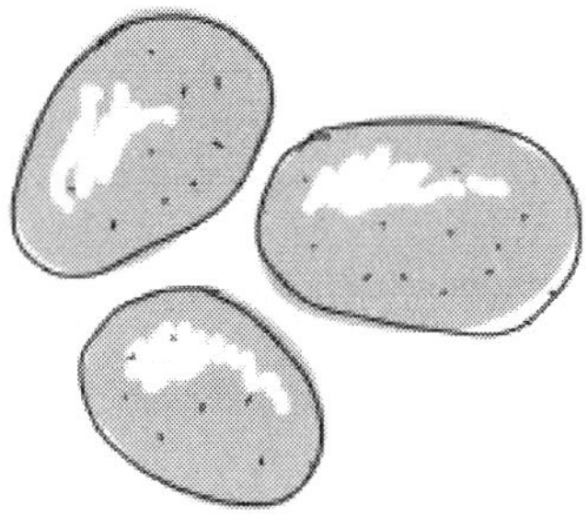

Nell'utilizzare le patate dobbiamo sempre lavarle, la loro buccia è piena di terra. E' importante anche strofinarle con una spazzola.

Ecco abbiamo già finito!

E' vero, in moltissime preparazioni le patate si predispongono al taglio dopo averle anche sbucciate, ma non è sempre così: altre ricette portano le patate ad essere consumate con la buccia che è squisita e molto nutriente.

- il pomodoro

Il pomodoro è il frutto di una pianta appartenente alla famiglia delle Solanacee.

Questa bacca, di solito dal colore rosso acceso, è originaria dell'America centrale e del Sud America, ma ormai è presente in quasi tutte le cucine del mondo. Nel nostro percorso incontreremo varie tipologie di pomodoro, diverse per forma, colore, dimensione, gusto e utilizzo.

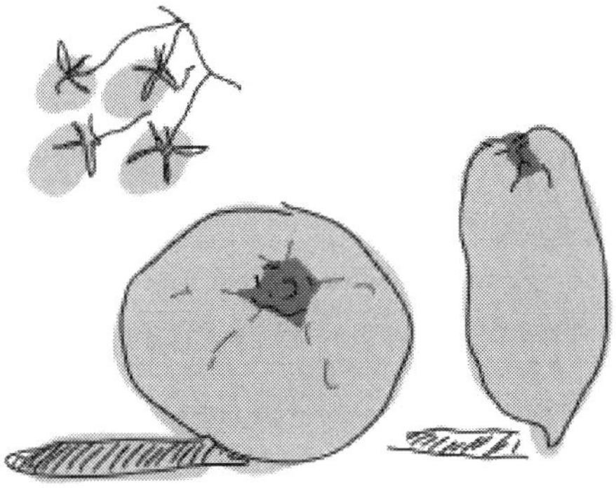

Dobbiamo lavare molto bene i pomodori prima del loro utilizzo, per eliminare ogni sostanza utilizzata durante la loro coltivazione.

Ora il nostro alimento è pronto per le ricette più svariate.

Ecco! Ora conosciamo già cinque verdure e possiamo prendere in mano il coltello per iniziare i tagli di base!

Ma la nostra postazione è pronta?

Dobbiamo avere:

- Il tagliere verde
- Un vassoio o contenitore, da un lato, con il prodotto lavato e pronto per il taglio.
- Un vassoio o contenitore, dall'altro lato, ove sarà messo il prodotto dopo essere stato tagliato.
- Un piccolo bidoncino per gli scarti
- Il nostro coltello. Ma quale? Certamente il Trinciante!

Ora possiamo iniziare.

Partiamo con la carota:

Per prima cosa dobbiamo metterla in sicurezza: la carota ha forma cilindrica quindi potrebbe scivolare rendendo pericoloso il taglio. Incidiamola e creiamo una superficie su di essa in modo da appoggiarla su una base sicura.

Il primo taglio che vedremo è a rondella

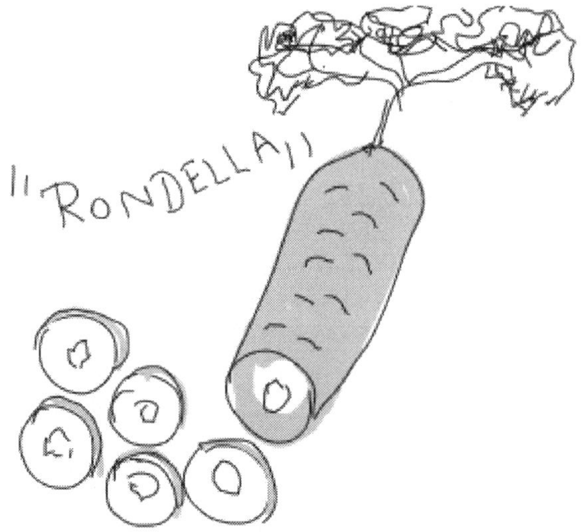

La verdura viene ridotta a dischi di spessore regolare, di solito un centimetro.

Il prossimo taglio si chiama *Mirepoix*: ovvero una cubettatura irregolare di circa 1 cm per lato.

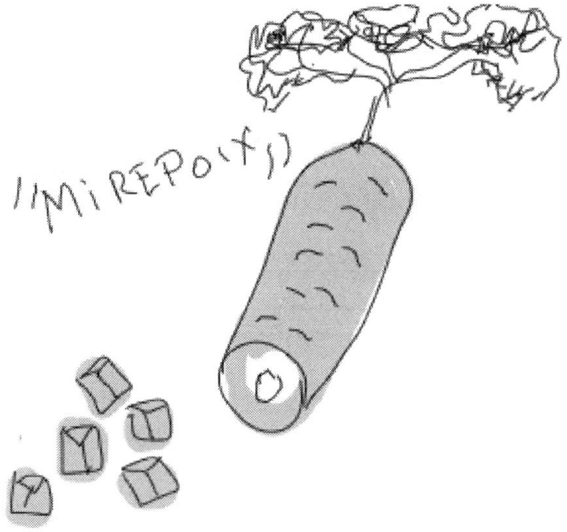

Questo taglio di base è indispensabile nella preparazione di tutti i brodi e fondi di cucina. Anche il sedano e la cipolla (le verdure per eccellenza del buon brodo) infatti possono essere tagliate a *mirepoix*

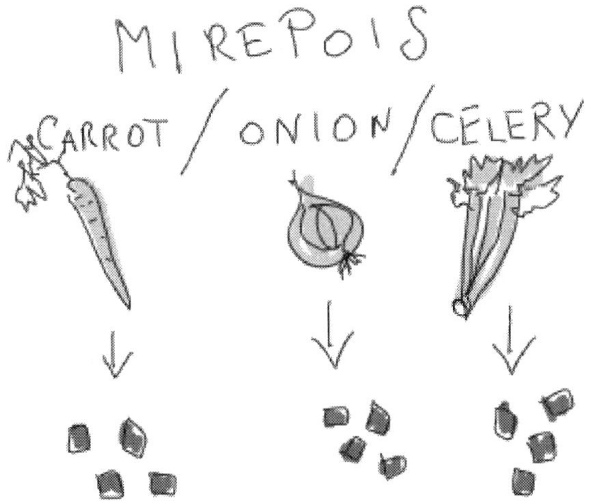

Vediamo ora l'ultimo taglio di base della carota, anche se in realtà non è un vero e proprio taglio: infatti non si esegue con il coltello ma con il pela-patate.

Prendiamo la carota e come avevamo fatto per sbucciarla continuiamo a scorrere su di essa l'economo (altro nome del pela-patate). Otterremo dei veri e propri nastri di carota: infatti questo è detto taglio a *nastro.*

Passiamo ora alla patata.

Per i nostri tagli dobbiamo sbucciarla con l'economo.

Ricaviamo un parallelepipedo dalla nostra patata che di base ha una forma irregolare e tondeggiante: questo parallelepipedo sarà la base per moltissimi tagli che vedremo.

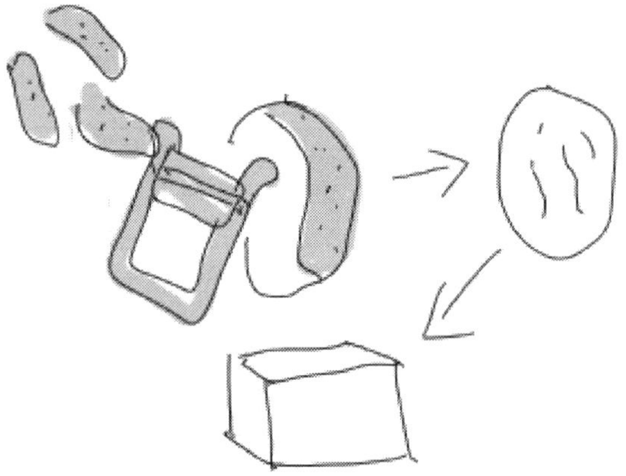

Il primo bellissimo taglio è chiamato *ponte nuovo*, e consiste in un parallelepipedo di circa 2 cm a lato per una lunghezza di 6 cm.

Se noi da questi parallelepipedi poi otteniamo dei cubotti di 2 cm per lato passiamo al taglio *maxime.*

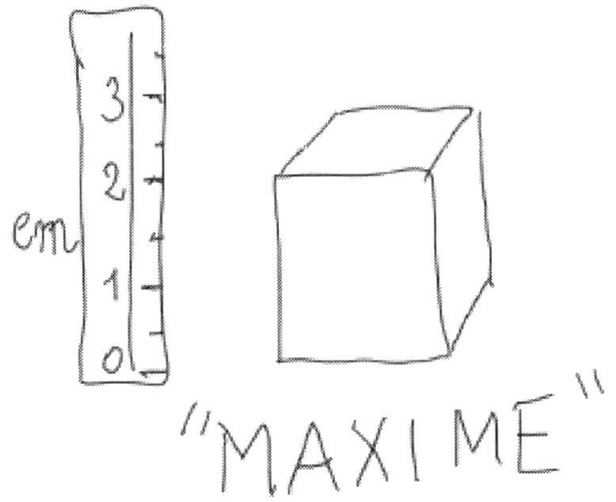

Passiamo ad un altro taglio celeberrimo della patata: il taglio *patata fritta.*

Attenzione! Non ho detto di friggere le patate: per ora patata fritta è proprio il nome di questo taglio!

Esso si esegue creando dei bastoncini lunghi dai 6/7 cm e spessi circa 9 mm.

Se dalla patata fritta tagliamo dei cubi di 9 mm / 1 cm per lato otteniamo il taglio *parmentier*

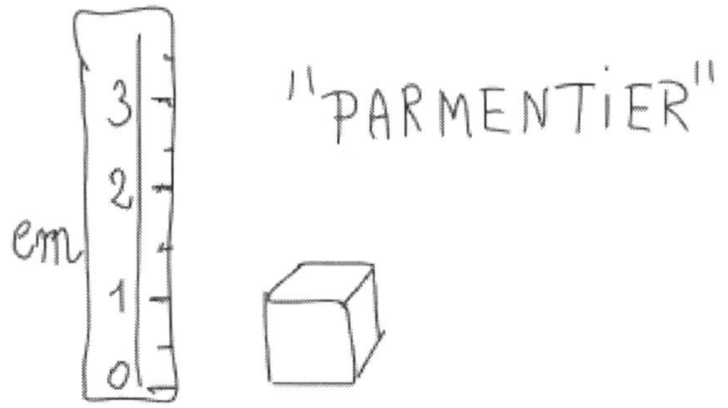

Questi sono i tagli di 1° livello della patata.

Possiamo già passare alla prossima verdura: il pomodoro.

Per sbucciare il pomodoro occorre fare bollire l'acqua all'interno della pentola, proprio come quando si prepara la pastasciutta.

Incidiamo una croce (usando lo spelucchino) sul retro del frutto.

Immergiamo il pomodoro nell'acqua bollente e raccogliamolo dopo appena 15/20 secondi.

Ora dobbiamo raffreddarlo velocemente e per farlo lo tufferemo immediatamente in una bacinella con acqua e ghiaccio.

Vedrete che ora la buccia si esfolierà con una facilità estrema e ci ritroveremo il nostro pomodoro perfettamente pulito e pronto al taglio vero e proprio.

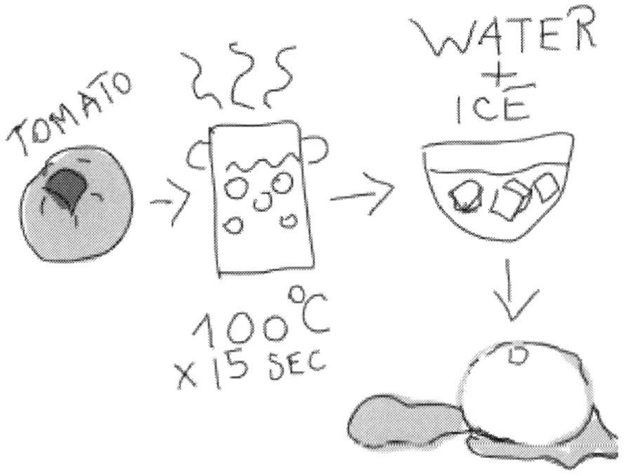

Ora possiamo effettuare il taglio a *petalo*: dividiamo il pomodoro in 3 o 4 petali ed eliminiamo la sua acqua di vegetazione interna e i suoi semi.

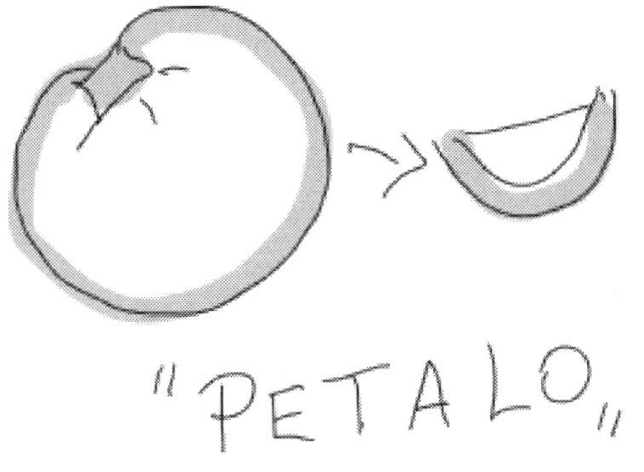

Infine, passiamo alla cipolla!

Vi ricordate il taglio *mirepoix*?

Lo dobbiamo eseguire anche sulla cipolla. Dividiamola in due parti e appoggiamola sul tagliere dalla parte stabile. Ora dobbiamo intaccarla verticalmente, ma senza arrivare fine al cardine (il "tallo") che congiunge i suoi petali, fermiamoci prima, in modo che la cipolla resti unita. Ora dobbiamo invece tagliare verticalmente la cipolla e otterremo dei cubetti!

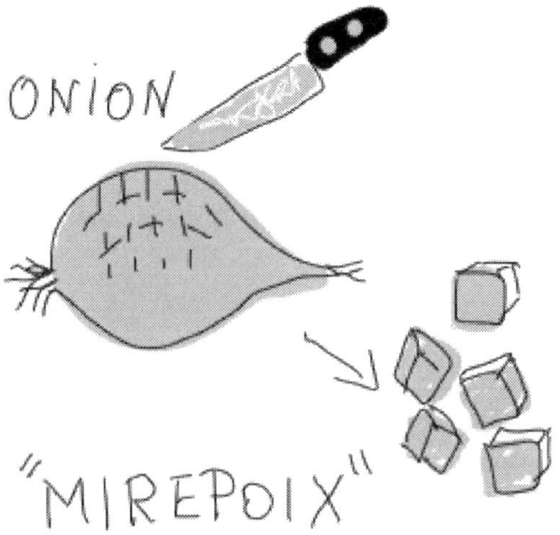

Un altro celebre taglio della cipolla è quello ad *anelli.*

Guardando i suoi petali e volendo ottenerne la sezione dobbiamo ottenere delle rondelle di uno spessore di 2 mm.

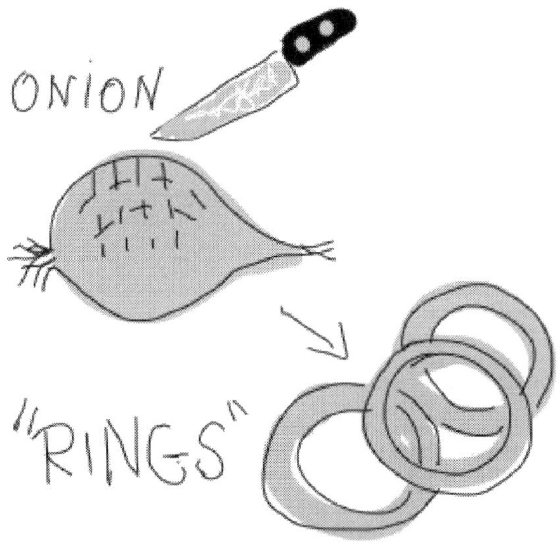

C1.A.2. Effettuare i tagli di 2° e 3° livello

Dopo aver ripulito la postazione riprendiamo in mano i nostri ortaggi visti per conoscere ed eseguire nuovi tagli più avanzati.

Ripartiamo dalla carota. Ora dobbiamo ottenere dalla sua forma cilindrica un parallelepipedo (N.B. Se la carota fosse troppo lunga possiamo dividerla al fine di ottenere due parallelepipedi più facilmente lavorabili).

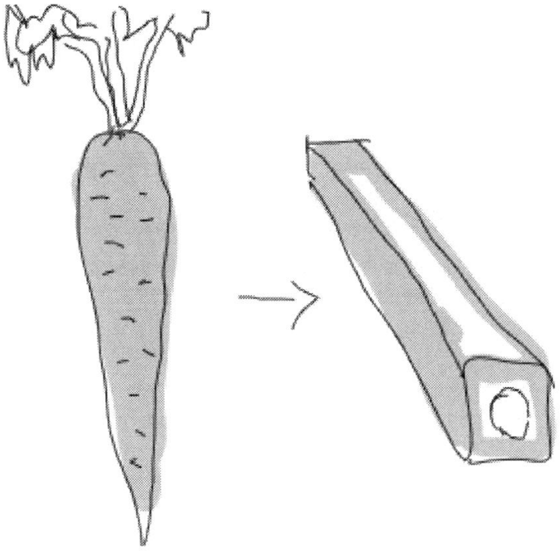

Il primo e celeberrimo taglio che affrontiamo è chiamato *julienne* e consiste in dei bastoncini sottili 2/3 mm, e lunghi 5/6 centimetri.

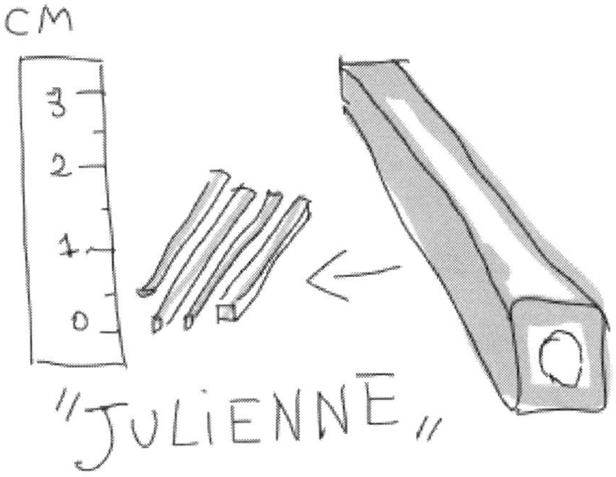

Bravi! La nostra *julienne* deve essere molto precisa e regolare: solo così potremo ottenere una perfetta *brunoise.* Infatti, se prendiamo i bastoncini e li tagliamo trasversalmente realizzando dei piccolissimi cubetti di 2/3 mm otteniamo proprio il taglio a *brunoise.*

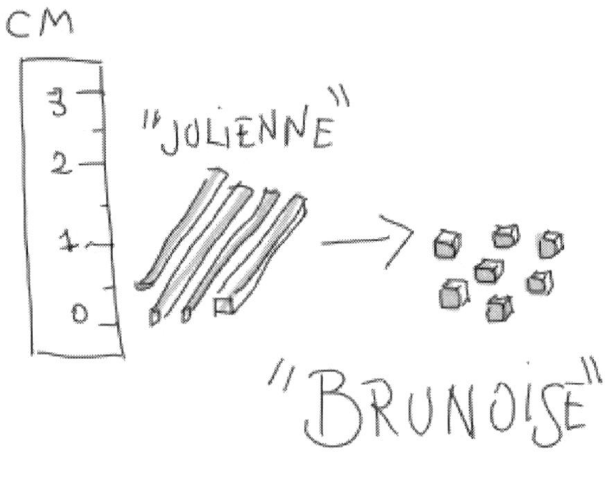

Anche il sedano e la cipolla naturalmente si possono tagliare così!

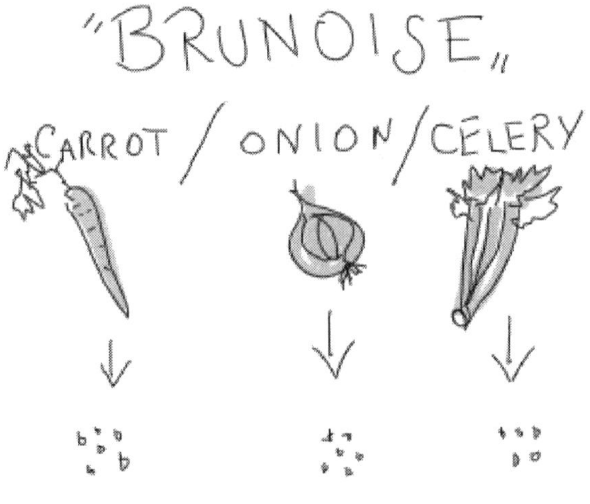

Adesso è il turno della patata e affrontiamo i tagli avanzati di questo tubero.

Vi ricordate il nostro parallelepipedo di partenza, adesso ci servirà per tagliare dei bastoncini decisamente più piccoli di quelli precedenti.

Il taglio a *fiammifero* consiste in bastoncini spessi circa 3 mm e lunghi 6/7 cm.

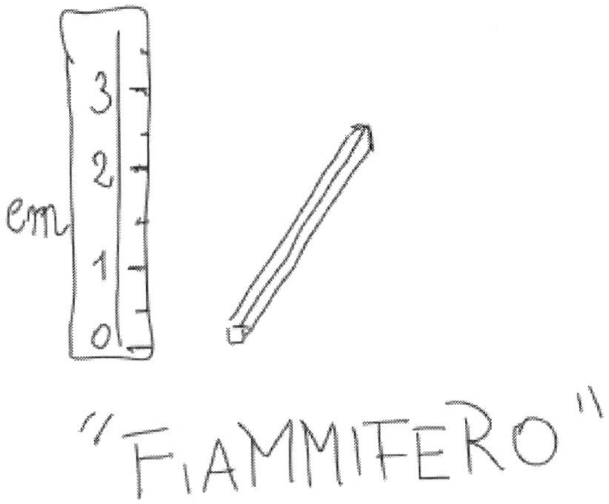

Se addirittura riusciamo ad ottenere dei bastoncini talmente sotti da essere quasi trasparenti, sto parlando di uno spessore di 1 mm per la lunghezza di 5/6 cm circa, allora parliamo di un taglio detto *paglia.*

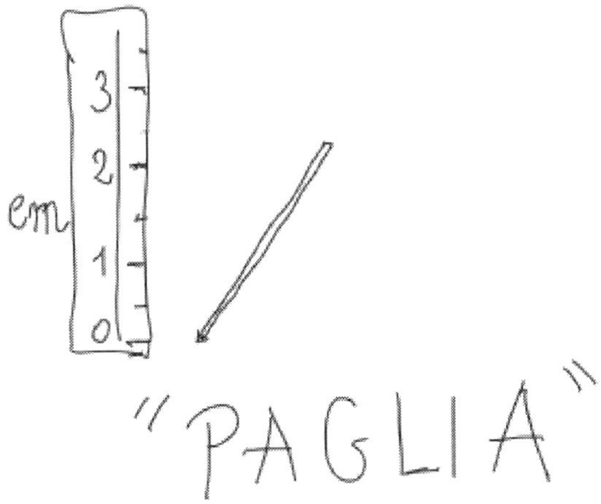

N.B. Ricordiamoci che la patata non appena viene sbucciata o tagliata deve essere immediatamente conservata sott'acqua, altrimenti subirà un processo di ossidazione. Quindi affrontiamo i nostri tagli, ma sempre con qualche boule o bacinella di acqua accanto a noi.

Ritorniamo adesso al pomodoro.

Lo avevamo sbucciato e tagliato in petali. Se noi ora eseguiamo dei cubetti grandi circa mezzo centimetro otterremo la celebre *concassé.*

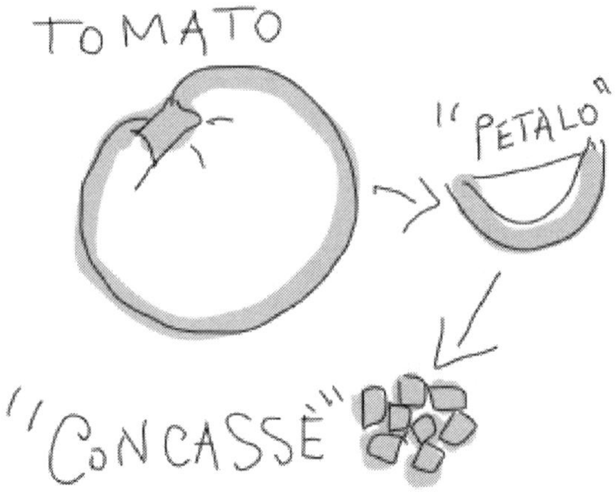

Concludiamo con la cipolla.

Prendendo mezza cipolla possiamo affettarla molto sottile. Questo taglio è chiamato *filangé.*

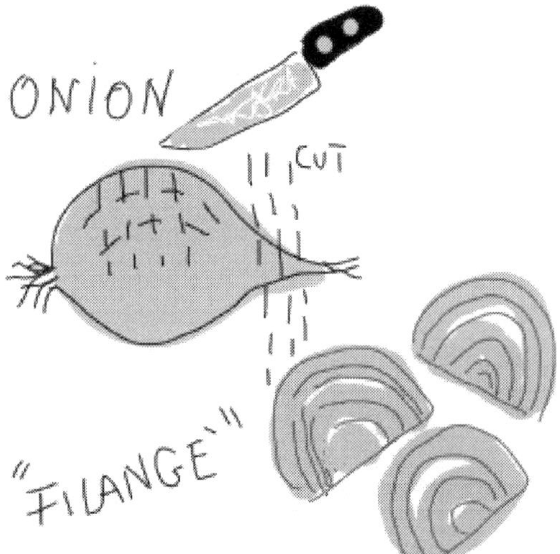

Sopra vi ho parlato della cipolla a brunoise. Questo taglio si esegue con la stessa tecnica di quello mirepoix, differisce per la dimensione dei cubetti che in questo saranno più piccoli.

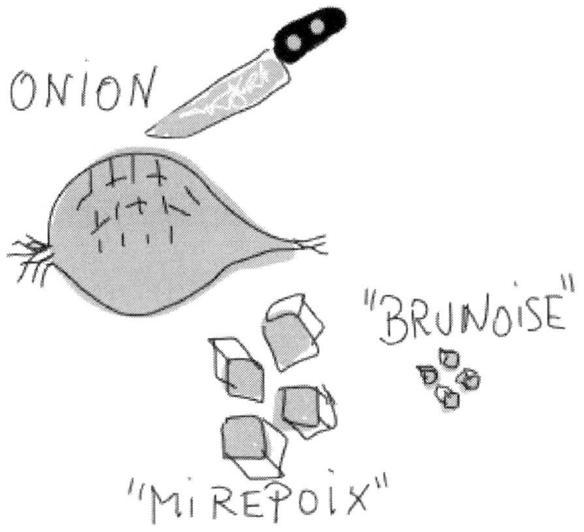

Caponata leggera di verdure

Ingredienti (dosi per 4 persone)

- 1 cipolla
- 2 carote
- 2 coste di sedano
- 2 zucchine
- 1 melanzana
- 2 pomodori
- 1 peperone rosso
- 1 peperone giallo
- 1 rametto di maggiorana
- 3 foglie di basilico
- Brodo vegetale q.b.
- Sale, pepe, olio EVO q.b.

Procedimento

Tagliare mezza cipolla, una costa di sedano e una carota a brunoise e soffriggerle in padella in olio caldo per 2 minuti. Salare senza esagerare.

Tagliare a cubi di 1 cm la melanzana e unirla in cottura. Dopo 4 minuti, tagliare i peperoni in cubi di 1 cm e unirli in cottura. Fare a concassé di pomodoro, dopo averne eliminato la buccia e l'acqua di vegetazione, quindi unirla alla preparazione. Aggiungere anche le foglie di maggiorana.

Tagliare le zucchine a Julienne e unirle alla nostra caponata, far cuocere ancora 3 minuti, la preparazione è quasi pronta. Fare a brunoise mezza cipolla, una carota e una costa di sedano.

Finire il piatto regolando di sale e pepe, dando un giro di olio Evo a crudo, spolverizzando di verdure brunoise e spezzettando il basilico con le mani.

Patate Ponte Nuovo

Ingredienti (dosi per 4 persone)

- 4 patate grandi
- Olio di semi 200 ml
- Sale q.b.

Procedimento

Lavare e sbucciare le patate, tenerle a riposo sott'acqua per evitarne l'ossidazione.

Sciacquarle varie volte in acqua per eliminare l'amido in eccesso.

Ricavare dalle patate dei parallelepipedi di 6x4x4 cm, quindi dividerli in taglio Pontenuovo (6x2x2 cm).

Risciacquare sotto acqua corrente, poi asciugare bene.

Portare l'olio di semi a temperatura di 140°C e friggervi le patate, nelle varie facce (l'olio deve raggiungere circa la metà dell'altezza della patata), per il tempo necessario alla cottura al cuore, senza bruciarne l'esterno.

Scolare le patate in carta assorbente.

Portare l'olio a 175°C e friggere nuovamente le patate per dorarne le superficie esterna.

Solo adesso salare, pepare e servire.

Carote glassate con erbe mediterranee e limone

Ingredienti (dosi per 4 persone)

- 8 carote
- 20 gr olio EVO
- Acqua gassata q.b.
- Sale q.b.
- Zucchero q.b.
- 1 foglia di alloro
- 1 rametto di timo
- 2 foglie di menta
- Succo di mezzo limone

Procedimento

Lavare e pelare le carote dalla loro buccia esterna.

Mettere la carota in sicurezza e tagliarla in rondelle regolari.

Scaldare un poco di olio Evo in padella e mettervi le carote a cuocere. Salare e aggiungere mezzo bicchiere di acqua frizzante e le foglie di alloro e timo.

Chiudere bene la casseruola e portare a cottura a fuoco moderato.

Quando le carote saranno cotte, ma ancora croccanti, togliere il coperchio, aggiungere un poco di succo di limone, una spruzzata di zucchero e regolare di sale.

Le carote saranno pronte quando risulteranno belle lucide, per via dello zucchero e dell'olio. Servire con sopra un trito di menta fresca.

L'Olio Extra Vergine d'Oliva

L'olio EVO è un olio alimentare ottenuto per estrazione dalle olive, esclusivamente dalla prima spremitura meccanica delle stesse.

Questo prodotto di eccellenza, definito addirittura dal grande Chef purista Fulvio Pierangelini "l'unico olio utilizzabile in cucina", deve rispettare alcuni standard qualitativi per essere considerato tale.

Il primo punto lo abbiamo già detto: deve essere ottenuto tramite estrazione esclusivamente con metodi meccanici.

In secondo luogo, la sua acidità non deve mai superare lo 0,8%. Questo parametro, l'acidità, è uno dei fattori più importanti per valutare qualitativamente l'olio.

In Italia, che basa su di esso la propria cucina mediterranea, è stata creata una vera e propria carta di identità per l'Olio Extra Vergine d'Oliva.

Questa iniziativa del CNR (Consiglio Nazionale delle Ricerche), possiede una banca dati rappresentativa delle zone di produzione dell'Olio EVO nel nostro territorio.

Ne deriva che con una analisi di un particolare Olio EVO, si può risalire, in base alle sue caratteristiche, alla zona di produzione. In poche parole, si riesce a ricostruire la sua identità.

Se l'olio EVO è stato prodotto con almeno il 95% di olive ottenute da agricoltura biologica si può parlare di "Olio EVO Bio".

L'olio EVO è uno degli ingredienti fondanti della nostra cucina e ogni grande Chef ha la sua firma in un grande olio. Esso viene usato come grasso per cucinare (in quantità limitata), ma soprattutto come tocco finale, come nota di condimento intensa, salutare, naturale e così propria della nostra regione.

Esistono veri e propri degustatori di olio che ogni anno redigono, in prestigiose guide gastronomiche (ad esempio "Gambero Rosso"), articoli e classifiche dei migliori olii.

C2. Preparazione dei semilavorati

C2.A. Fondi, leganti e salse

C2.A.1. Fondi, Roux e salse comuni

1. Fondi

I fondi sono riduzioni liquide ottenute dalla estrazione, mediante il calore, degli elementi nutritivi e organolettici degli alimenti in acqua.

Esistono vari tipi di fondi, ma si possono ascrivere all'interno di 3 categorie:

- Fondi vegetali
- Fondi di carne
- Fondi di pesce

Partiamo da un fondo vegetale semplice fino ad arrivare poi a fondi più complessi e con più alimenti coinvolti.

Le verdure di base per il nostro fondo sono: Carota, cipolla, e sedano. Naturalmente la quantità è determinata da quella dell'acqua in cui tufferemo le nostre verdure.

È fondamentale per l'estrazione dei sapori mettere le verdure nell'acqua fredda per poi scaldarla dolcemente fino a farla sobbollire.

Non è da trascurare il lato aromatico del fondo. Allora perché non aggiungere, sempre a freddo, qualche aroma: alloro, rosmarino, prezzemolo, timo, ecc (ognuno è libero di trovare la sua combinazione vincente per il brodo perfetto).

Gli aromi è opportuno legarli in un "mazzetto aromatico" se vogliamo mantenerli ordinati all'interno del brodo. Quindi utilizziamo lo spago da cucina, oppure una foglia di porro per intrappolarli.

Alcuni nel fondo vegetale aggiungono anche altre verdure: aglio e pomodoro, ad esempio, aggiungono note interessanti al fondo.

Il nostro fondo vegetale è quasi pronto, ma per insaporirsi ha bisogno di tempo: lasciamolo sobbollire almeno un'ora.

Passiamo ai fondi di carne: essi sono innumerevoli e data la loro complessità ora proveremo a riassumerli e dividerli in categorie in base ad alcune loro caratteristiche.

Intanto diciamo che sebbene siano fondi di carne essi necessitano comunque di verdure: quindi non dimentichiamo di aggiungere carota, cipolla, sedano e aromi.

Poi una prima divisione è in base alla tipologia di carne da cui derivano.

Avremo dunque: fondo di pollo, di gallina, di cappone, di manzo, di selvaggina, ecc.

Ricordiamo che, a meno che non vogliamo ottenere della carne lessa, il fondo si realizza con le ossa e i tagli meno nobili dell'animale.

Naturalmente la tipologia dell'animale da cui si ricava il fondo determina le caratteristiche organolettiche dello stesso.

Un'altra divisione determina i fondi di carne:

- Se le ossa vengono messe nell'acqua quando sono "crude" il fondo derivante sarà un *fondo bianco.*
- Se le ossa vengono messe in acqua dopo aver subito un processo di tostatura il fondo derivante sarà un *fondo bruno.*

Convenzionalmente le carni che si prestano ai fondi bianchi sono proprio le carni bianche. Invece le carni rosse, ad esempio il manzo, si prestano molto bene ai fondi bruni.

I fondi di carne per insaporirsi hanno bisogno di tempo. Quindi inseriamo gli ingredienti in acqua fredda e scaldandola dolcemente la faremo sobbollire per due o tre ore.

Nei fondi di carne è necessaria una pratica della *schiumatura* per eliminare le impurità dal brodo che si sta formando.

Infine, approfondiamo i fondi di pesce.

Abbiamo imparato che le verdure sono d'obbligo, il resto è molto semplice: nei fondi di pesce non metteremo le ossa degli animali, ma le sostituiremo con le lische dei pesci.

Prima di introdurre le lische in acqua occorre *sgorgarle*: ovvero metterle sotto l'acqua corrente in modo che le impurità e il sangue spariscano.

Non sono adatte al brodo le lische di tutti i pesci: vanno benissimo nasello, orata, branzino, rombo, sogliola. In linea generale possiamo utilizzare tutti i pesci delicati e non eccessivamente grassi (quindi eliminiamo salmone, sgombro o aringa per i nostri brodi di pesce).

A questo punto abbiamo tutto: verdure, aromi e lische sgorgate. Ora lasciando sobbollire tutto questo in acqua per un'oretta avremo il nostro fondo pronto all'uso.

N.B. Il fondo di pesce è detto anche *fumetto,* pur indicando in realtà quest'ultimo termine un brodetto con maggiore restrizione e più accentuato nel gusto.

2. Roux

Il *roux* è il composto, usato nella cucina classica come addensante, ottenuto miscelando una parte di farina con una parte, di uguale peso, di burro.

Esistono 3 tipi di roux determinati dal grado di tostatura che subiscono.

Avremo quindi:

- Roux bianco ove la farina, pur cotta e gelificata all'interno del burro, non raggiunge alcun grado di tostatura e colorazione.
- Roux biondo ove la miscela è a una fase intermedia di tostatura, assegnando al roux un sapore più marcato e un colore tendente al giallo.
- Roux bruno ove la miscela risulta completamente tostata. Questo roux sarà il più deciso e avrà colorazione tendente al bruno/marrone e l'aroma di nocciola.

Quindi gli ingredienti e le dosi non cambiano tra i tre roux!

Cambia il grado e l'intensità di cottura: se lo cuoceremo più a lungo il nostro roux diventerà bruno!

3. Le salse comuni

Abbiamo visto i fondi e abbiamo visto i roux: che cosa ci manca per arrivare alle salse?

La salsa è un composto semiliquido, cremoso e pastoso composto da un legante e da un sapore.

I fondi di cucina sono la base per costruire le nostre salse.

Dai fondi vegetali, di carne e di pesce otterremo rispettivamente salse vegetali, di carne e di pesce.

Andiamo a costruire le nostre salse.

Se mescoliamo un fondo, ridotto al punto giusto (determinerà l'intensità e il valore del sapore), alla quantità indicata del roux più adatto otterremo una salsa.

TIPICALLY

FONDO BIANCO (VERDURE, CARNE O PESCE)	ROUX (BIANCO O BIONDO)	VELLUTATA
LATTE	ROUX (BIANCO)	BESCIAMELLA
FONDO BRUNO	ROUX (BRUNO)	SALSA BRUNA LEGATA

Ecco che già possiamo costruire varie salse calde, ottimo accompagnamento a piatti vegetali, di carne o pesce.

Partiamo!

Mescoliamo fondo vegetale e roux: otterremo la "vellutata vegetale".

Sostituendo il fondo bianco di carne o di pesce otterremo atri due tipi di vellutata.

Se al posto dei fondi visti, usassimo il latte da unire al roux otterremo la celebre "besciamella".

Se noi prendiamo il fondo bruno e lo riduciamo, lasciandolo bollire a lungo, e lo leghiamo coerentemente con un roux bruno intenso otterremo una "salsa bruna legata", base per le celebri "demi-glace" e "salsa spagnola".

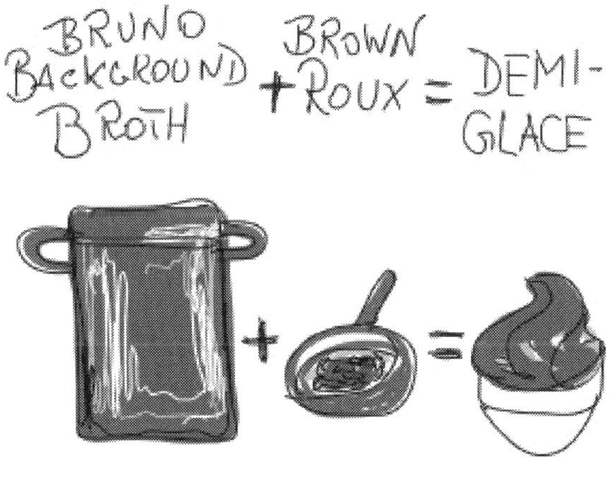

Queste tre salse calde che abbiano nominato (*vellutata,besciamella e demi-glace*) sono definite "salse madri" poiché da esse possono derivare altre salse che vengono definite appunto "salse derivate".

Le "salse madri" comunemente riconosciute in cucina sono 5:

- Vellutata
- Besciamella
- Salsa bruna legata
- Salsa di pomodoro
- Salsa olandese

Abbiamo già capito come sono composte tre di queste salse.

Passiamo alle altre due!

La salsa di pomodoro è il risultato della cottura della polpa dei pomodori nell'olio di oliva. Oltre a questi due ingredienti non dobbiamo tralasciare l'utilizzo dell'aglio, o della cipolla, e della parte aromatica, che può essere costituita da basilico, origano o altre erbe e spezie.

La salsa di pomodoro può essere lasciata in polpa grezza e a pezzetti oppure passata al passa-verdure.

Infine abbiamo la *salsa olandese*

Essa è una emulsione di tuorlo d'uovo e burro liquido, aromatizzata con succo di limone, sale e pepe bianco.

Noi anche se non siamo mai entratati in una cucina professionale abbiamo familiarità con le emulsioni fatte con il tuorlo d'uovo: chi non ha mai assaggiato la *maionese*?

Bene la salsa olandese altro non è che una maionese realizzata "a caldo" con il burro al posto dell'olio.

FONDO + ROUX → VELLUTATA
LATTE + ROUX → BESCIAMELLA
FONDO BRUNO + ROUX → DEMI-GLACE
POMODORI + OLIO AGLIO SALE, PEPE → SALSA POMODORO
TUORLI + BURRO LIMONE O ACETO SALE, PEPE → SALSA OLANDESE

Burro

Il burro è la parte grassa del latte. Facciamo un piccolo esperimento: prendiamo 500 gr di panna fresca (contenente 35/38 gr di grassi ogni 100 gr di materia) e inseriamola in una bottiglia di plastica da 2 litri. Scuotendo con energia per qualche minuto riusciremo a montare la panna. Scuotiamo ancora per qualche minuto e si avrà una inversione di fase che separerà la montata in due componenti ben distinti: il latticello e il burro.

Abbiamo ottenuto il burro! Esso è una emulsione di grassi (almeno per l'82%), acqua, zuccheri e proteine.

Il burro ha un colore che varia dal bianco latte al giallo. Anche la consistenza cambia al variare della temperatura: vetrificato/solido se posto al freddo, solido/pomata a temperatura ambiente e liquido sopra i 35°C.

Il burro si può ottenere con diversi processi:

- Centrifugazione: Centrifugando direttamente il latte appena munto, prodotto da una filiera svolta tutta a bassa temperatura. La qualità del burro risultante è molto alta.
- Affioramento: Sottoprodotto della lavorazione casearia del latte, dove l'affioramento spontaneo, a temperatura ambiente, genera una carica microbica che obbliga a trattamenti industriali.

L'Italia, terra di eccellenze gastronomiche trova nel burro il suo tallone di Achille. Infatti, a parte qualche eccezione nelle regioni montane, il burro italiano è "di affioramento" e di qualità inferiore rispetto a quello dei paesi del nord Europa.

Il burro trova il suo utilizzo in moltissime ricette, come ingrediente o come grasso di cottura. In questo caso però dobbiamo stare attenti alla temperatura: infatti il burro sopra a 150°C raggiunge il suo punto di fumo, scurendosi e bruciandosi, producendo molte sostanze cancerogene.

Se vogliamo superare questo problema dobbiamo fare un altro esperimento!

Le materie prime

Burro chiarificato

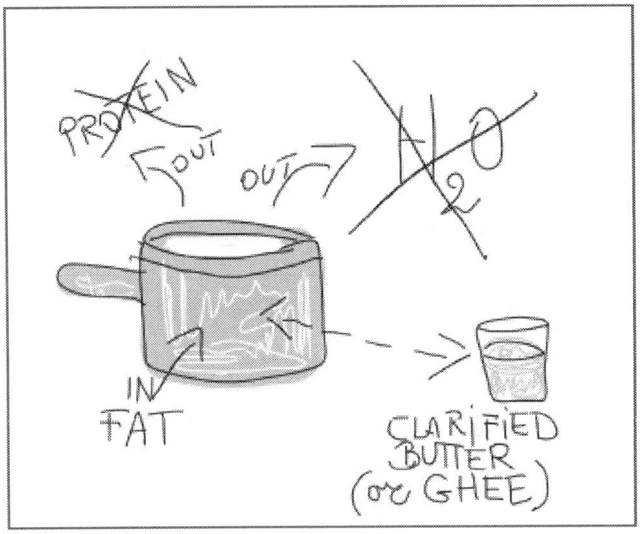

Prendiamo un panetto di burro e sciogliamolo a bassa temperatura (anche a bagnomaria) in casseruola senza mai mescolarlo. Il burro si separerà nelle sue parti: una schiuma in superficie, la grossa componente gialla puramente grassa al centro e una coda lattiginosa sul fondo.

Rimuoviamo la schiuma in superficie con l'utilizzo della schiumarola.

Passiamo il resto, evitando il fondo, con il colino a maglie sottili.

Ora abbiamo ottenuto la parte grassa in purezza che chiameremo "burro chiarificato". Se lo raffredderemo ritornerà allo stato solido.

Il burro chiarificato è disponibile anche in vendita pronto all'uso.

Il burro chiarificato, la cui grassezza tende al 99/100%, è privo di quelle sostanze che bruciano ad alta temperatura, quindi il suo punto di fumo è a 250°C!

Con esso riusciremo a friggere senza paura di creare sostanze nocive!

Nei negozi etnici è disponibile anche la versione indiana del burro chiarificato noto con il nome di "ghi".

Tradizionalmente viene preparato con un altro processo: il burro viene posto a sobbollire ad una temperatura leggermente superiore a 100°C. Durante la cottura l'acqua evapora completamente, le proteine formano una schiuma da eliminare con la schiumarola e un'altra parte imbrunisce e si deposita sul fondo.

Il risultato si filtra e si pone in vasetti di vetro.

Salsa Maionese

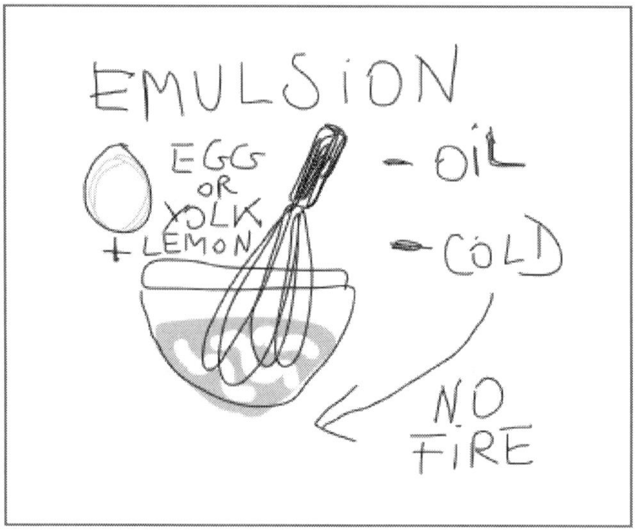

Ingredienti (dosi per 300 gr)

- 2 tuorli extra freschi
- Succo di 1/2 limone
- 250 gr olio di semi
- 1 cucchiaino aceto bianco
- Sale, pepe q.b.

Procedimento

Porre i tuorli (a temperatura ambiente) in una ciotola dai bordi alti.

Aggiungere metà del succo di limone, nel quale è stato sciolto il sale.

Sbattere con le fruste elettriche per creare la prima amalgama.

Ora iniziare l'emulsione versando l'olio di semi prima a gocce, poi a filo, sempre sbattendo con le fruste.

A metà dell'olio la consistenza della salsa sarà densa, quindi aggiungere il restante succo di limone.

Continuare l'emulsione finendo di versare l'olio sempre a filo.

Ora sarà densa e montata alla perfezione. Regolate di sale e pepe e unite un cucchiaino di aceto, sbattendo con le fruste a velocità media.

Trasferitela in una ciotolina e servite.

Salsa Olandese

Ingredienti (dosi per 200 gr)

- 100 gr burro chiarificato
- 4 tuorli
- 40 gr succo di limone
- ½ scalogno
- Sale, pepe q.b.

Procedimento

Tagliare a brunoise mezzo scalogno.

Fare ridurre di metà il succo di limone in casseruola assieme a scalogno, sale e pepe.

Quando la riduzione sarà fredda unirvi i tuorli e amalgamarli.

Trasferire tutto in una bastardella a bagnomaria sopra una casseruola con acqua a 82/85°C.

Montare con la frusta e creare una emulsione mentre il tuorlo grazie al calore avvia un processo di coagulazione.

Se il composto inizia ad essere denso e montato aggiungere a filo, sempre sbattendo con la frusta, il burro chiarificato.

Ora la salsa arriverà alla giusta cremosità, densità e montata.

Trasferire in una ciotolina e regolare il sapore.

La pentola a pressione

La pentola a pressione è un utensile da cucina che permette cotture accelerate grazie alle alte temperature che possono generarsi al suo interno.

Appare ancora oggi un oggetto geniale che sembra provenire dal futuro, ma la sua invenzione risale al 1679, quando l'inventore francese Denis Papin ne brevettò i primi prototipi.

Il principio di funzionamento è il seguente: il punto di ebollizione dell'acqua varia in funzione della pressione.

In montagna, ove la pressione atmosferica è minore rispetto al livello del mare, l'acqua arriva a bollire a temperature inferiori a 100°C.

Al contrario se la pressione è maggiore alla media saranno necessarie temperature superiori.

La pentola a pressione, grazie allo speciale coperchio, blocca la fuoriuscita del vapore, creando al suo interno un notevole aumento della pressione (anche a 2 bar, il doppio rispetto a quella riscontrabile nell'atmosfera). Il punto di ebollizione dell'acqua può arrivare a 120°C, permettendo agli alimenti di cuocere più velocemente.

Per tenere sotto controllo pressione e temperatura la pentola a pressione reca sul coperchio 2 valvole: una di sicurezza e una di controllo.

In cucina la pentola a pressione viene a volte demonizzata, e ad essa viene riconosciuto il solo vantaggio di cuocere più velocemente i cibi.

Ma non è così! Sicuramente il suo utilizzo non può estendersi a tutti gli alimenti, ma in alcuni casi essa addirittura offre risultati migliori rispetto ad altri tipi di pentola.

Infatti, molte sostanze contenute nelle verdure, nelle patate, nei cereali vengono disperse in quantità minore: infatti se la temperatura cambia solo da 100°C a 120°C, stressando un poco di più l'alimento, il tempo di cottura si riduce di un terzo, salvaguardandolo enormemente. Ne deriva che la pentola a pressione risulterà molto indicata per brodi, minestre, ma anche alcuni tipi di brasati e spezzatini.

Impariamo ad usare la pentola a pressione!

Per caricare la pentola a pressione occorrerà poca acqua: gli alimenti infatti cuoceranno nel vapore (altro punto che permetterà un maggior rispetto delle sostanze idrosolubili all'interno degli alimenti).

Il resto è semplice: gli alimenti vengono introdotti e il coperchio chiuso. La fiamma va tenuta alta fino al raggiungimento della giusta temperatura e pressione, poi basterà tenerla bassa. La pentola a pressione permette anche un notevole risparmio energetico.

Ricordiamo sempre di riportare la pressione al giusto livello prima di aprire la pentola a pressione. Infatti, potrebbero, in caso contrario, fuoriuscire pericolosi getti e vapori incandescenti.

C2.B. Pasta fresca

C2.B.1. La pasta

La pasta è un alimento a base di farina che viene impastata con altri ingredienti variabili in base alla ricetta, successivamente divisa in piccole forme regolari e cotta in acqua bollente.

Perché non iniziamo e mettiamo subito le "mani in pasta"?

I maestri in questo campo non sono i grandi Chef, ma le nostre nonne!

In Emilia-Romagna (regione ove la pasta fresca è una vera e propria religione) le signore che si dedicano alla pasta fresca vengono chiamate "sfogline".

Queste signore meravigliose si dedicano all'arte della pasta fresca: ogni giorno tirano sfoglie sottilissime e semi-trasparenti per realizzare vari formati di pasta. Molti ristoranti e gastronomie acquistano giornalmente i loro "tortellini" e le loro "lasagne".

Quindi iniziamo la nostra ricetta!

Alla farina uniremo le uova (e un goccio di acqua), sono queste le due componenti fondanti dell'impasto italiano: dobbiamo realizzare una forma a fontana (detta anche "vulcano" o "margherita") ove le uova vengono inserite nella parte centrale della farina.

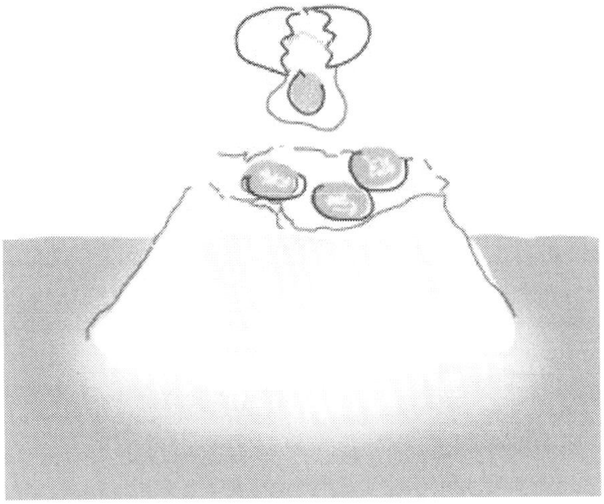

A poco a poco, mescolando con la forchetta, creiamo l'amalgama, da lì possiamo iniziare ad impastare.

Entrerò in seguito, parlando di ricette, in merito agli infiniti ingredienti aggiuntivi che si possono incorporare al nostro impasto base modificandone le caratteristiche.

Dopo circa dieci minuti di lavoro a mano, il nostro impasto è pronto: omogeneo e vellutato. Ora può essere messo a "riposo"

N.B. La fase di riposo è fondamentale, infatti lavorando la pasta la carichiamo di "forza" rendendola estremamente elastica, non rilassata. Ora sarebbe difficile "tirarla", perché ritornerebbe sempre indietro. Quindi avvolgiamo l'impasto nella pellicola o in un panno inumidito e facciamolo "riposare" per un'ora.

Eccoci! Ora possiamo davvero partire con la fase successiva: "tiriamo" l'impasto.

Per fare ciò abbiamo bisogno di un lungo mattarello di legno.

L'impasto si inizia a spianare e via via si stende sempre più sottile, finché la sfoglia non sarà ampia e semi-trasparente.

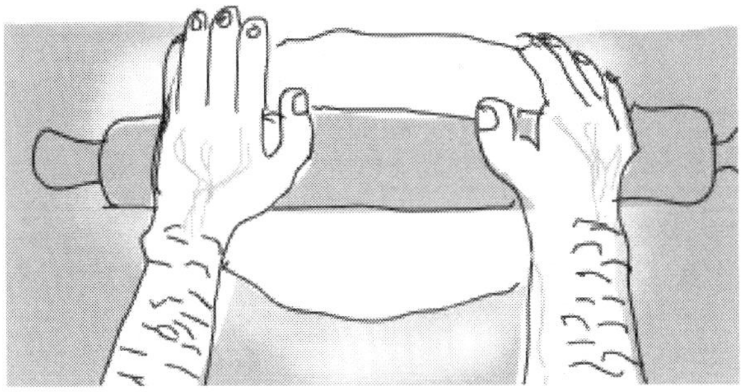

Ora la nostra bellissima sfoglia è pronta! Questa è la base di ogni ricetta di pasta fresca: tagliolini, tagliatelle, pappardelle, ma anche tortellini, agnolotti e plin! In Italia esistono centinaia di formati di pasta!

Ora dunque dobbiamo tagliarla per eseguire i formati richiesti.

Conosciamo i primi tre:

- I tagliolini: la loro forma è allungata (per capirci simile a quella degli spaghetti), hanno sezione piatta e sottile (1 mm) e la loro larghezza è di 4-5 mm.

- Le tagliatelle: la loro lunghezza è pari a quella dei tagliolini e anche lo spessore, cambia la larghezza che aumenta a 5-7 mm.

- Le pappardelle: sono un formato di pasta molto simile alle tagliatelle: quello che varia e ancora la larghezza che aumenta a 13 mm.

Ora sappiamo eseguire tre formati di pasta fresca all'uovo. Ogni volta che tireremo una sfoglia potremo decidere quale è il formato più adatto alla nostra ricetta.

C2.C. Gnocchi freschi

C2.C.1. Gnocchi

Gli gnocchi sono dei piccoli pezzi di impasto, di solito di forma tondeggiante, cotti per bollitura in un liquido e infine conditi con una o più salse.

Come nella pasta fresca esistono centinaia di ricette per comporre i nostri gnocchi: esse li differenziano per gusto, consistenza, colore o formato.

La ricetta di base per gli gnocchi prevede un impasto i cui ingredienti principali sono patate, farina ed eventualmente uova.

L'ingrediente sul quale si fondano gli gnocchi sono davvero le patate: esse devono essere indicate alla loro preparazione, quindi farinose e con poca acqua interna.

Se vogliamo essere tecnici chiediamo al nostro fruttivendolo di fiducia una delle seguenti tipologie di patata: la Kennebek, la bianca comasca, la tonda di Napoli o la cardinal.

Quando abbiamo la patata giusta siamo già a metà del nostro lavoro.

N.B. Vedete, uno degli aspetti della bravura del cuoco è proprio nella scelta degli ingredienti giusti e di qualità.

Iniziamo cuocendo le patate: il nostro nemico è l'acqua, quindi perché non cuocerle al vapore, al microonde, al cartoccio, oppure sotto la brace!

È importantissimo non sbucciare le patate per la cottura.

Dopo aver cotto e sbucciato le patate, passiamole immediatamente al con lo schiaccia-patate (strumento specializzato in questa operazione).

Quando le patate sono fredde possiamo iniziare l'impasto unendo la farina e gli altri ingredienti, a seconda della tipologia di gnocco che vogliamo realizzare.

N.B. L'ingrediente fondante degli gnocchi è la patata: ricordiamoci che farina, uova e tutto quello che vogliamo aggiungere servono a sostenere e caratterizzare la patata. Quindi non dobbiamo mai perdere la patata, né nel gusto e neppure nella consistenza.

Il nostro impasto è pronto.

Possiamo dividerlo in parti e tirare ognuna di queste in lunghi serpentelli dai quali otterremo i nostri gnocchi.

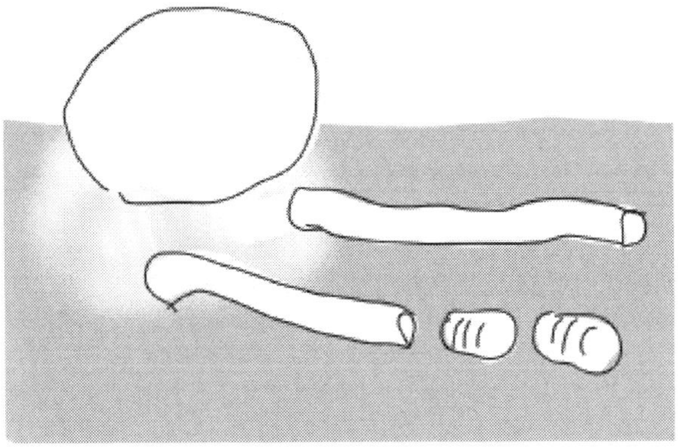

Gli gnocchi sono pronti per la cottura! Tuffiamoli in acqua bollente e cuociamoli il tempo necessario perché essi tornino a galla: allora saranno pronti ad essere conditi, serviti e degustati! Buon appetito.

Spaghetti al pomodoro

Ingredienti (dosi per 4 persone)

- 360 gr spaghetti
- 350 gr pomodori maturi
- 30 gr Olio Evo
- 1 spicchio aglio
- 40 gr basilico
- Sale q.b.

Procedimento

Tuffare i pomodori in acqua bollente, dopo averne inciso la pelle, per 10 secondi, quindi ripescarli e tuffarli in acqua e ghiaccio: in questo modo saranno semplici da sbucciare.

Tagliarli in 4 parti ed eliminarne picciolo e acqua di vegetazione: conservare solo i petali di polpa puliti.

Ottenere quindi una bella concassé.

Fare imbiondire l'aglio in camicia nell'olio Evo in padella a fuoco moderato, quindi aggiungere i pomodori a concassé e parte del basilico. Salare e cuocere per 20/25 minuti a fuoco moderato. Eliminare infine basilico e aglio.

Tuffare gli spaghetti e portarli a cottura in acqua bollente e salata.

Scolare gli spaghetti al dente e unirli alla salsa mescolando con dolcezza.

Aggiungere il basilico spezzettato con le mani e un filo di Olio Evo a crudo.

Impiattare a servire.

Gnocchi burro e salvia

Ingredienti (dosi per 4 persone)

- 500 gr Patate farinose
- 150 gr Farina "00"
- 35 gr Uova
- Sale fino q.b.
- 60 gr burro fatto in casa
- 5 foglie di salvia
- 40 gr formaggio grattato
- Sale e pepe q.b.

Procedimento

Bollire le patate partendo da acqua fredda. Da quando l'acqua bollirà contare circa 30/40 minuti di cottura a seconda della grandezza delle patate.

Sbucciare le patate e schiacciatele allo schiaccia-patate.

Unitele alla farina e alla quantità di uova indicata.

Aggiungete un pizzico di sale e impastate. Mettete a riposo.

Prendete intanto 500 gr di panna intera (35 gr di grassi su 100 gr di materia) e inseritela in una bottiglia di plastica vuota con capienza di 2 litri.

Sbattete con vigore per 10 minuti fino a che non si dividerà in burro e latticello grazie ad una inversione di fase dalla montatura.

Scolare il burro e mettere il panetto, avvolto in una garza, in frigorifero.

Dare forma a serpentelli con diametro di 2 cm all'impasto degli gnocchi, quindi tagliarli in modo regolare.

Tuffarli in acqua bollente e salata finché non tornano a galla, quindi saltarli in padella con burro e salvia. Impiattare spolverando di formaggio grattato.

Tagliatelle con ragù alla bolognese

Ingredienti (dosi per 4 persone)

- 180 gr farina "00"
- 20 gr semola
- 8 tuorli
- Olio EVO q.b.
- 400 gr manzo macinato
- 1 carota
- 1 costa di sedano
- ½ cipolla
- 1 foglia di alloro
- 2 chiodi di garofano
- 1 rametto di rosmarino
- 400 gr pomodori pelati
- 100 gr pomodori ciliegini
- Sale e pepe q.b.
- 1 cm pomodoro concentrato

Procedimento

Tostare la carne a fuoco vivo in casseruola con olio, quindi aggiungere le verdure tagliate a mirepoix, continuare a tostare. Aggiungere 1 cm pomodoro concentrato.

Caramellare e unire erbe aromatiche e chiodi di garofano.Salare. Aggiungere i pomodori e abbassare il fuoco, cuocendo per 4 ore.

Impastare farina, semola e tuorli, aggiungere anche un goccio dio olio. Mettere a riposo per un'ora. Stendere la pasta, quindi tagliarla in tagliatelle. Cuocere le tagliatelle in acqua bollente e salata, scolare e condire con il ragù. Servire.

Mezze penne rigate alla "Norma"

Ingredienti (dosi per 4 persone)

- 360 gr. mezze penne
- 4 pomodori ramati
- 1 spicchio aglio
- Olio, sale e pepe q.b.
- 2 melanzane
- 120 gr ricotta salata
- 40 gr basilico

Procedimento

Tagliare i pomodori a pezzettoni e farli andare in padella con olio, aglio e sale per 20 minuti.

Togliere l'aglio e passare la salsa.

Tagliare le melanzane in cubotti di 1,5 cm di lato e cuocerla in padella al salto con olio caldo, sale e pepe (la melanzana non deve essere imbevuta d'olio e neppure seccarsi per la sua assenza). Scolare le melanzana su carta assorbente.

Cuocere la pasta in acqua salata e bollente mentre la salsa di pomodoro marcia altri dieci minuti per arrivare a giusto gusto e concentrazione.

Scolare la pasta, saltarla nel sugo di pomodoro con melanzane e basilico spezzettato con le mani.

Impiattare e grattare su ogni piatto abbondante ricotta salata.

Pappardelle ai 4 formaggi

Ingredienti (dosi per 4 persone)

- 150 gr farina "00"
- 50 gr semola
- 1 uovo
- 4 tuorli
- Olio EVO, sale, pepe q.b.
- Panna fresca 40 gr
- Parmigiano reggiano 60 gr
- Taleggio 40 gr
- Gorgonzola 30 gr
- Stracchino 30 gr.

Procedimento

Impastare le farine con uova, tuorli e un goccio di olio.

Quando l'impasto è vellutato metterlo a riposo per un'ora in frigorifero coperto con pellicola.

Stendere poi la pasta in sfoglie sottili e ricavarne delle belle pappardelle.

In una bastardella a bagnomaria sciogliere i formaggi (tranne la gorgonzola, che se amalgamato agli altri fa diventare la salsa color grigio), assieme alla panna. Quando l'amalgama è saporita e cremosa e pronta per ricevere la pasta che va cotta in acqua bollente e salata.

Saltare nella bastardella stessa la pasta con i formaggi, aggiustare di pepe.

Impiattare con qualche ciuffo di gorgonzola sopra la pasta calda.

Linguine al pesto genovese, fondutina leggera di parmigiano, pinoli tostati e basilico essiccato.

- Linguine 240 gr
- Basilico 40 foglie
- Aglio 1 spicchio
- Parmigiano 80 gr
- Pecorino 20 gr
- Pinoli 40 gr
- Olio Evo 50 ml
- Panna 20 ml
- Sale q.b.

Procedimento

Per il pesto: Sbianchire per 10 secondi in acqua bollente salata le foglie di basilico, quindi fermarne la cottura in acqua e ghiaccio. Frullare ed emulsionare l'olio Evo con uno spicchio d'aglio pulito, il parmigiano, il pecorino, i pinoli e il basilico sbianchito. Salare per calibrare il gusto della salsa.

Per la fondutina leggera: Unire 30 gr di parmigiano a 20 gr di panna fresca in una bastardella, quindi porla a bagnomaria e mescolarla con la frusta, fino ad ottenere una fondutina leggera, liscia e vellutata.

Cuocere in acqua bollente salata le linguine, quindi scolarle e condirle nel pesto.

Impiattare sul fondo la fondutina, e sopra, a turbante, la pasta al pesto. Spargere i pinoli tostati (passati in padella senza grassi) sopra la pasta e decorare con una foglia disidratata di basilico (fritta in olio bollente per pochi secondi).

L'uovo

L'uovo, in cucina, è un alimento che crea o prende parte, come protagonista o gregario, in moltissime ricette di tutte le culture del mondo, per il suo valore organolettico e la sua eterogeneità multiforme e strutturante, variabile in base a come viene trattato.

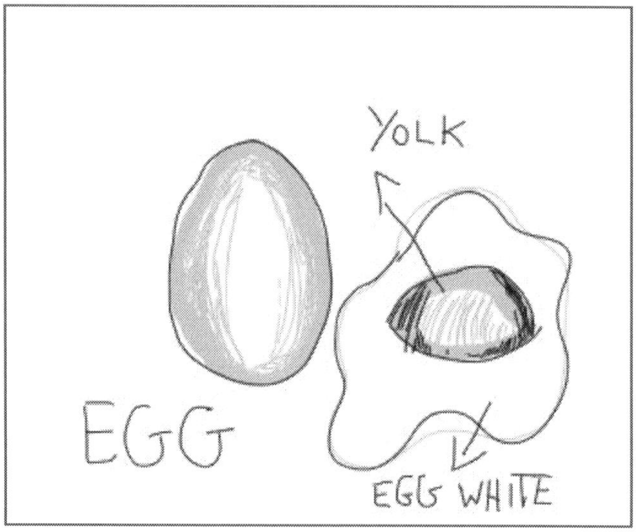

Basti pensare alla pasticceria: se riusciamo a creare vere opere d'arte con Pan di Spagna, crema pasticcera o spumosissime meringhe...è grazie all'uovo.

L'uovo è l'origine della vita e della cucina.

L'uovo più utilizzato è quello di gallina, ma nel nostro percorso incontreremo anche uova di quaglia, di anatra, di piccione, di struzzo...o anche di salmone e di storione, pregiate e costosissime, meglio note con il nome di "caviale".

Entrando nei dettagli morfologici l'uovo è una cellula germinale femminile costituita da guscio, albume e tuorlo. All'interno ci sono altre strutture che proteggono l'uovo e permettono, se fecondato, in esso la vita.

Mediamente un uovo di gallina pesa 55/60 gr (di cui 17gr circa il tuorlo).

L'albume è la parte esterna, trasparente, di consistenza più fluida e coagula a 62°C diventando bianca. E' composto al 90% di acqua e al 10% di proteine.

Il tuorlo è la parte interna, di colore giallo arancio, e coagula a 65°C. È composto da una miscela di acqua al 50%, 17% di proteine, 30% di grassi e altri agenti emulsionanti.

Sul guscio di ogni uovo leggiamo una sigla!

Essa ci riporta l'intera rintracciabilità dell'uovo. Vi è infatti scritto il tipo di allevamento da cui proviene, il paese di origine, il comune, la provincia, e il codice dell'allevamento. Sulla confezione invece troviamo le date di deposizione e scadenza.

C3. Cottura degli alimenti

L'arte del cuoco è principalmente quella di cuocere i cibi: ovvero trasformarli grazie al calore.

Da quando l'uomo ha scoperto il fuoco ha capito che poteva essere usato per le pratiche più fondamentali alla vita e da lì poteva evolversi dall'animale: fare luce, riscaldarsi, allontanare le fiere selvagge, ma anche trasformare i cibi.

Da qui deduciamo che la prima cottura umana, originale, istintiva e pura è la cottura allo spiedo, alla griglia sulle braci della legna.

Da quell'istante l'uomo si è evoluto e raffinato (forse allontanato troppo dalle sue origini?) fino ad arrivare alle moderne tecniche di cottura a microonde o sottovuoto.

Tra questi due estremi l'uomo ha sperimentato molte *tecniche di cottura* varie per arrivare ai risultati più vari e più adatti a ciò che la caccia, la pesca o la coltivazione gli fornivano come materia prima.

Compito di questo testo sarà proprio prendere in esame tutte queste tecniche di cottura ed applicarle ai vari alimenti.

Iniziamo!

C3.A. Cottura in acqua

C3.A.1. Bollire, sbianchire e cuocere al vapore utilizzando parametri di cottura definiti

La *bollitura* è la tecnica di cottura che prevede l'immersione dell'alimento in un liquido in ebollizione.

Nella storia delle tecniche di cottura anche essa è molto antica, ma certamente venne in una fase seguente alla diretta esposizione degli alimenti al calore: la bollitura prevede il medium dell'acqua per riscaldare e cuocere il cibo immerso in essa. L'acqua (o il liquido) si fa dunque trasmittente del calore dalla fonte all'alimento.

Molti alimenti vengono cotti per bollitura: dalla classica pasta di grano duro alla carne, dal pesce alle verdure. È una tecnica di cottura molto magra e sana, non prevede grassi oltre a quelli dell'alimento stesso, ma purtroppo lo impoverisce da un punto di vista nutrizionale estraendone alcune sostanze e disperdendole nel liquido di bollitura.

La *sbianchitura* non è una vera e propria tecnica di cottura: più precisamente è una precottura degli alimenti destinati poi ad essere finiti con altre tecniche di cottura.

Sbianchire un alimento significa quindi immergerlo in un liquido bollente per un tempo breve e variabile (da pochi secondi ad alcuni minuti).

Dopo aver sbollentato così l'alimento si può fermarne il punto di cottura pescandolo con la schiumarola e tuffandolo in acqua e ghiaccio.

Gli alimenti sbianchiti poi possono essere asciugati e fritti, oppure saltati in padella, ma anche gratinati al forno: insomma è una precottura davvero molto utile in molte preparazioni.

Infine, la *cottura a vapore* è una tecnica di cottura in cui si evita il contatto diretto tra il liquido in ebollizione e l'alimento. Il liquido, essendo posto vicino all'alimento, genera il calore umido (il vapore) che lo porterà a cottura.

Per realizzare questa tecnica sono necessari un cestello in metallo, o un cerchio tradizionale in bamboo, da appoggiare sopra alla pentola ove il liquido è in ebollizione. A questo punto sarà semplice inserire al suo interno l'alimento che si intende cuocere e poi chiudervi al di sopra il coperchio realizzando così una vera e propria camera di vapore.

Il risultato è molto simile alla bollitura, tecnica a cui è strettamente legata, ma ancora migliore: gli alimenti, non a contatto con il liquido in ebollizione, non disperdono in esso le loro sostanze nutritive.

La cottura a vapore si può realizzare anche nei moderni forni *trivalenti,* ove sarà semplice impostare la temperatura e il grado di umidità desiderato.

Le ricette

Insalata di riso

Ingredienti (dosi per 4 persone)

- 360 gr riso parboiled
- 1 peperone giallo e 1 rosso
- 250 gr wurstel
- 2 uova sode
- 50 gr Cetriolini sotto aceto
- 2 pomodori
- 100 gr mais
- 100 gr piselli
- 100 gr carciofi sott'olio
- 60 gr prezzemolo tritato
- Olio q.b.
- Sale e pepe q.b.
- 1 costa di sedano
- 2 carote
- 4 zucchine

Procedimento

Bollire il riso parboiled in acqua salata, scolare e fare raffreddare.

Fare le uova sode bollendole 8 minuti in acqua bollente, raffreddarle, sguciarle e tagliarle a pezzetti.

Bollire i wurstel in acqua bollente, scolarli e tagliarli a cubetti di ½ cm.

Tagliare i cetriolini a rondelline.

Sbucciare i pomodori incidendoli e sbianchendoli e tagliarli in dadolata di ½ cm.

Tagliare il sedano dadadini di ½ cm.

Tagliare le carote a Julienne e sbianchirle in acqua bollente.

Tagliare la zucchina in semi rondelle e cuocerla al vapore, in forno o su cerchi di bamboo, al di sopra di una pentola bollente.

Scolare il mais e sciaquarlo.

Tagliare il peperone in cubetti di ½ cm e saltarlo in padella con olio caldo.

Tagliare i carciofini in quarti dopo averli scolati.

Cuocere in forno a vapore i pisellini surgelati il tempo necessario perché siano caldi.

Quando tutti gli ingredienti saranno pronti in linea, precisi e a temperatura ambiente mescolarli assieme e tritarvi sopra un bel ciuffo di prezzemolo.

La ricotta

La ricotta è un latticino molto simile al formaggio. Nella cucina italiana è molto utilizzata in preparazioni sia dolci che salate.

Come abbiamo visto per il burro, possiamo produrre autonomamente una ricotta di ottima qualità.

In realtà, la ricotta propriamente detta, verrebbe preparata con il siero del latte ricotto.

Noi invece la produrremo partendo dal latte.

Abbiamo bisogno unicamente di due ingredienti: 1 litro di latte intero fresco e il succo di mezzo limone.

Scaldiamo il latte a 90°C, quindi togliendolo dal fuoco uniamo ad esso il succo di limone filtrato. Mescoliamo qualche secondo con la frusta e copriamo con il coperchio.

Dopo 10 minuti, rompiamo la cagliata che si sarà formata.

Attendiamo ancora qualche minuto poi versiamo la cagliata su un colino al di sopra di una ciotola. Lasciamo scolare qualche secondo, quindi trasferiamo la cagliata in una fascella da ricotta. Riempita completamente va ricoperta con un canovaccio e posta in frigorifero per 3 ore. Quando la cagliata sarà ben solida nella fascella potrà dirsi ricotta e sarà pronta per l'assaggio o l'utilizzo.

La ricotta risultante potrà conservarsi 4 giorni in frigorifero a +4 °C.

Il succo di limone può essere sostituito con 20 gr di aceto mele per un gusto più neutro o con caglio di origine animale (disponibile in farmacia).

C3.B. Cottura in grasso

C3.B.1. Friggere e cuocere al salto utilizzando parametri di cottura definiti

Continuiamo nel nostro viaggio attraverso le tecniche di cottura: è il turno della frittura, la più golosa tra tutte.

Per *frittura* si intende il cuocere gli alimenti all'interno di grassi animali, oppure oli vegetali caldi. Esistono svariate tecniche di frittura, cerchiamo di trovare delle caratteristiche comuni per gettare chiarezza in questo mondo.

Una prima variabile è la profondità del grasso nel quale si frigge:

- La frittura in padella, la frittura al salto e la rosolatura cuociono i cibi in uno strato sottile di grasso su una superficie bollente. Quindi mettiamo il nostro grasso in padella, scaldiamolo bene (le temperature supereranno di gran lunga i 100°C della bollitura) e inseriamo l'alimento. Il grasso non supererà la metà dell'altezza dell'alimento da friggere.

- La frittura profonda implica invece l'immersione totale del cibo nel grasso ad alta temperatura. Essa si può realizzare in una speciale padella chiamata "negresca" oppure in friggitrice.

I grassi, specie nella frittura profonda, possono essere riutilizzati, ma attenzione a non superare mai il punto di fumo del grasso stesso.

Ogni grasso ha un punto di fumo, sia esso animale o vegetale, che non deve mai essere superato, pena un pessimo risultato organolettico nell'alimento fritto, la possibile carbonizzazione della sua superficie, e la creazione di sostanze gravemente nocive alla salute del consumatore.

Ogni grasso o olio ha il suo punto di fumo specifico, ne avremo quindi alcuni con punto di fumo molto basso e altri con punto di fumo molto alto.

È comunque difficile scegliere il grasso migliore per la frittura, anche perché ogni preparazione ne ha uno dedicato e caratteristico. Sicuramente i grassi con punto di fumo alto sono da tenere in considerazione poiché in essi è più difficile infrangerlo.

ARACHIDE	230 °C
BURRO	170 °C
BURRO CHIARIFICATO	230-240 °C
GIRASOLE	225 °C
MAIS	230 °C
EXTRA VERGINE OLIVA	160-210 °C
STRUTTO	180-210 °C

Da un punto di vista puramente tecnico per scegliere il grasso più adatto alla frittura occorre selezionarne uno in grado di sostenere la temperatura desiderata senza infrangere il proprio punto di fumo. Ma, si sa, la cucina è soprattutto cuore e cultura, e alcune preparazioni mitiche, buonissime e che ci contraddistinguono, appartenenti alle nostre radici, vengono fritte non sempre nel grasso più tecnico e salutare.

Dunque, il mio consiglio è il seguente: non mangiate ogni giorno il fritto, ma se vi concedete una cotoletta alla milanese friggetela nel burro e se vi tenta uno gnocco fritto alla parmigiana friggetelo nello strutto.

Patatine fritte alla belga

Ingredienti (dosi per 4 persone)

- 1 kg patate per friggere
- 2 l olio arachidi (o strutto)
- Sale q.b.
- Salse di accompagnamento

Procedimento

Lavare bene le patate e sbucciarle. Tagliarle in bastoncini spessi circa 7 mm.

Lasciare i bastoncini in ammollo in acqua fredda 40 minuti cambiando l'acqua 2 volte, cosicché perdano l'amido.

Asciugate le patatine e friggetele a 150 °C per pochi minuti. Pescatele e asciugatele.

Portate il grasso di frittura a 180°C e tuffate le patatine, poche alla volta per avere una bella crosticina croccante.

Scolatele su carta assorbente, salatele e servite con salse d'accompagnamento.

Fish and chips

Ingredients:

- 4 large potatoes, peeled
  And cut into strips
- 1 cup of purpose flour
- 1 teaspoon backing powder
- 1 teaspoon salt
- 1 teaspoon ground black pepper
- 1 cup of milk
- 1 egg
- 1 quart vegetable oil for frying
- 11/2 pounds cod fillet

How to make:

Place potatoes in a medium-size bowl of cold water.

In another bowl mix togheter flour, backing powder, salt and pepper. Stir in the milk and egg: stir until the mixture is smooth. Let mixture stand for 20 minutes.

Fry the potatoes in the hot oil (175°C) until they are tender. Drain them on paper towels.

Dredge the fish in the batter, one piece at a time, and place them in the hot oil.

Fry until the fish is golden brown. Drain well on paper towels.

Fry the potatoes again for 1-2 minutes for added crispiness.

C3.C. Cottura a calore secco

C3.C.1. Grigliare, gratinare e cuocere al forno usando parametri di cottura definiti

Grigliare, gratinare e cuocere al forno (a calore secco) sono tecniche di cottura riconducibili alla *arrostitura* degli alimenti.

Ciò che cambia è la modalità con il quale viene indotto:

- Conduzione: Il metallo della griglia o piastra condurrà il calore all'alimento grazie al suo contatto con esso.
- Convezione: L'aria calda della camera interna del forno cuocerà l'alimento.

Il risultato di queste tecniche però è comune: l'alimento si arrostirà creando una superficie bruna e tostata, un sapore molto piacevole e un aroma di crosta di pane appena sfornato.

1. La *grigliatura* è una tecnica di cottura ad alta temperatura ove l'alimento viene appoggiato su una griglia, o piastra, scaldata da una fonte a gas o elettrica, e viene così portato a cottura totale o parziale. Gli alimenti grigliati sono caratterizzati da una superficie tostata, bruna e aromatica. Questa tecnica di cottura si applica molto bene a varie tipologie di alimenti: carne, pesce e verdure.

2. La *gratinatura* è una tecnica di cottura che consente di ottenere un alimento bel croccante nella sua superficie esterna. Avete mai visto una bella lasagna al forno con sopra quella crosticina croccante? Oppure un piatto di verdure ripiene con il pane grattato così tostato in superficie? Questo effetto si ottiene proprio tramite la gratinatura. Gli alimenti, già cotti al cuore con altre tecniche, vengono ultimati con l'esposizione a una forte fonte di calore in grado di creare sulla loro superficie una crosticina croccante e appetitosa. Naturalmente gli ingredienti della ricetta concorrono a creare le condizioni perché la superficie abbia il caratteristico effetto gratinato: ad esempio parmigiano, pan grattato o salsa Mornay sono molto indicate per una perfetta gratinatura.

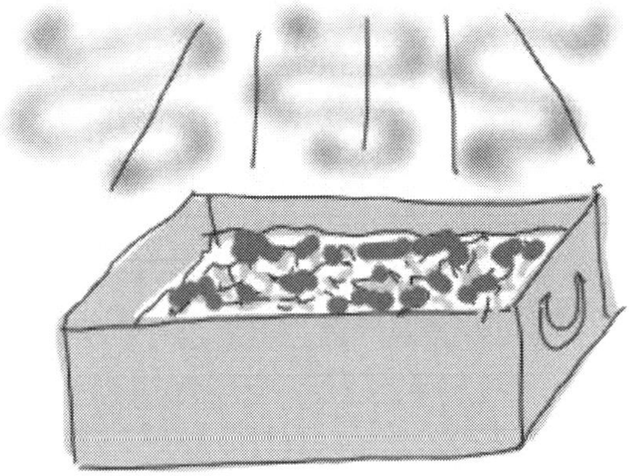

3. La cottura al forno a calore secco è una tecnica di cottura che prevede l'inserimento dell'alimento all'interno della camera di calore ove l'aria, nella temperatura desiderata, lo porterà a cottura, raggiungendo via via il suo cuore. Per impostare la cottura al forno abbiamo bisogno di conoscere alcuni dati essenziali e di impostarli sul display del macchinario:

    - Temperatura
    - Tempo di cottura
    - Umidità parziale: anche nelle cotture a calore secco, nei forni trivalenti, si può introdurre una piccola percentuale di umidità
    - Ventilazione: anche l'intensità della ventilazione determina effetti completamente diversi, a parità di temperatura, sugli alimenti

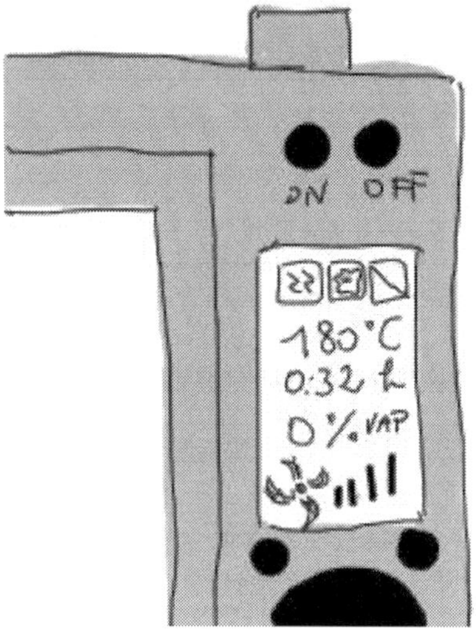

Quindi dobbiamo sempre leggere con attenzione la nostra ricetta e impostare nel display del forno i valori che essa riporta.

C3.D. Cotture miste

C3.D.1. Stufare o brasare utilizzando parametri di cottura definiti

La *stufatura* o *brasatura* è un metodo di cottura "in umido" che consiste nel cuocere gli alimenti molto lentamente, a fuoco basso.

Non è semplice definire le differenze tra le stufature e brasature: molti studiosi, cuochi e gastronomi cercano di dare delle differenze sistematiche e perentorie per gettare chiarezza, ma i pareri e le opinioni sono ancora molto contrastanti.

Voglio riportarvi un passo di Vincenzo Buonassisi, celebre giornalista dello scorso secolo: "Ci sono stati tentativi di dare un ordine sistematico a questo settore culinario, ma la realtà è che non si riescono a trovare classificazioni sicure, perentorie: a parte il fatto che si tratta di cotture lunghe, in umido, con sughi sempre ricchi e brillanti. Forse possiamo considerare la categoria degli stufati come quella dei piatti in cui si cuoce la carne tagliata a pezzi o a fettine. Nel brasato invece il pezzo di carne rimane unico, viene steccato e poi cotto per ore con altri ingredienti."

La miglior definizione di stufatura e brasatura è quella che le vede come *cotture di scambio.*

Abbiamo assodato che sono cotture lente, lunghe e a fuoco basso.

Il sugo è sempre ricco: grassi, verdure, aromi, latte, oppure vino, o ancora salsa di pomodoro; le soluzioni sono svariate.

Ma il concetto dello scambio di umori tra gli alimenti posti in casseruola, per concorrere ad un sapore unico, è davvero illuminante.

Quando avremo, nella nostra casseruola, la carne che uniforma i suoi sughi alla salsa di pomodoro e agli amidi della patata per creare un sugo di stufato capiremo precisamente il concetto.

Tutti gli alimenti si possono stufare e brasare, cuocendoli con i propri umori, senza aggiunta dell'acqua che generi bollitura, ma certamente alcuni sono più indicati di altri. La regina delle stufature e brasature è la carne.

Alcuni tagli di carne sono dotati di molto "tessuto connettivo", ovvero un tessuto che portato sopra una determinata temperatura attraverso l'esposizione a un calore lento, lungo e umido, trasforma la sua consistenza in gelatinosa rendendo la carne morbida come il burro.

Melanzane alla parmigiana

Ingredienti (dosi per 4 persone)

- Melanzane 1,5 kg
- Pomodori 2 kg
- Mozzarella 500 gr
- Parmigiano 150 gr
- ½ cipolla
- Olio EVO, sale, pepe q.b.
- Basilico qualche foglia

Procedimento

Affettare le melanzane con spessore 5 mm.

Ungerle appena e salarle prima di grigliarle (in altre varianti le melanzane vengono fritte oppure impanate e fritte).

Intanto sbucciare ed eliminare l'acqua di vegetazione dai pomodori, quindi farne una dadolata e fare una bella salsa cuocendola in un soffritto di olio EVO e cipolla a brunoise. Dopo aver cotto la salsa per 25 minuti passarla al passaverdura e ridurla ancora in casseruola altri 15/20 minuti.

Tagliare a cubetti la mozzarella.

La linea è pronta: ungere quindi una pirofila o teglia e iniziare con uno strato di melanzane grigliate. Poi mettere salsa di pomodoro (nella giusta quantità, non troppo abbondante), mozzarella, grana, qualche foglia di basilico, sale, pepe e olio.

Ripartire quindi con un altro piano fino a terminare la stratificazione.

Finire con parmigiano in superficie che in cottura avrà effetto gratinato.

Cuocere in forno secco statico a 200°C per 40 minuti. Servire tiepida.

Pasticcio di carne (Lasagne alla bolognese)

Ingredienti (dosi per 4 persone)

- Carne macinata 750 gr
- Passata pomodoro 250 gr
- 1 carota
- 1 cipolla
- 1 costa di sedano
- Latte intero 1 litro
- Burro 100 gr
- Farina 400 gr
- Noce moscata q.b.
- 2 uova
- 8 tuorli
- 100 semola
- Parmigiano 200 gr
- Sale, pepe, Olio EVO q.b.
- Alloro, timo, rosmarino, bacche ginepro, chiodi di garofano q.b.

Procedimento

Impastare 300 gr farina, 100 gr semola, 2 uova, 8 tuorli, un filo di olio e tirare poi l'impasto (dopo un'ora di riposo) in sottili sfoglie. Sbollentarle 15 secondi.

Fare un ragù con carne macinata, verdure e passata di pomodoro, il tutto cotto a lungo e dolcemente, almeno 3 ore, con aromi e odori.

Fare una besciamella con 100 gr di farina, 100 di burro e 1 litro di latte.

La linea è pronta, procedere alternando ragù, besciamella e parmigiano a strati di pasta fresca. Cuocere a 200 °C in forno secco statico per 30 minuti.

Lasagne al pesto alla genovese

Ingredienti (dosi per 4 persone)

- Latte intero 1 litro
- Burro 100 gr
- Farina 400 gr
- Noce moscata q.b.
- 2 uova
- 8 tuorli
- 100 semola
- 800 gr basilico
- 35 gr pinoli
- 200 ml olio EVO
- 1 spicchio aglio
- 150 gr parmigiano reggiano
- 40 gr pecorino stagionato
- Sale, pepe q.b.

Procedimento

Impastare 300 gr farina, 100 gr semola, 2 uova, 8 tuorli, un filo di olio e tirare poi l'impasto (dopo un'ora di riposo) in sottili sfoglie. Sbollentarle 15 secondi.

Fare una besciamella con 100 gr di farina, 100 di burro e 1 litro di latte.

Fare il pesto alla genovese sbianchendo il basilico in acqua salata e fermandone la cottura in acqua e ghiaccio, poi emulsionandolo nel frullatore con olio EVO, formaggi, pinoli, aglio, sale e pepe.

Stratificare la pasta alternandola a strati di pesto, besciamella e parmigiano.

Cuocere in forno a 200 °C statico per 30 minuti.

Risotto alla parmigiana

Ingredienti (dosi per 4 persone)

- ½ cipolla
- 60 gr burro
- 380 gr riso Carnaroli
- 120 gr parmigiano reggiano
- 20 ml vino bianco
- 1l brodo
- Sale, pepe q.b.

Procedimento

Fare un buon burro di centrifugazione e metterlo in frigorifero.

Tagliare la cipolla a brunoise e soffriggerla in casseruola con un poco di burro: nello stesso soffritto tostare il riso.

Il riso è tostato quando è ben caldo e "scricchiolante". Sfumare con il vino bianco. Aggiungere il brodo caldo (vegetale o di carne a discrezione) a poco a poco, inserendo il mestolo successivo solo quando il precedente è stato assorbito.

Il riso cuoce in 17/18 minuti.

Quando il riso è cotto e cremoso assaggiare se ha il giusto livello di sale, quindi mantecarlo con burro e parmigiano. Spolverare di pepe e servire caldo.

Australian meat pie

Ingredients:

- 800 gr braising steak
- 1l beef broth
- ½l red wine
- 1 onion
- 15 gr garlic
- 30 gr flour
- 2 bay leaves
- Worchestershire to taste
- Tomato paste to taste
- Salt and pepper to taste
- 3 leaves Puff pastry

How to make:

Dust the cubed steak with seasoned flour.

Heat the oil in a large heavy-bottomed pan and fry the meat until browned on all sides. Add the sliced onion and chopped garlic, then the meat broth with red wine, bay leaves and Worchestershire sauce.

Reduce the heat and simmer gently for 2 hours. Preheat the oven to 190°C.

Put the puff pastry on the bottom side of 8 silicon molds, then cook in the oven (20 minutes). Fill the molds with the braised meat and cover with puff pastry again. Cook in the oven until the puff pastry in ready (20 minutes). Take out the pies from the molds and serve them covered with tomato sauce on the top.

Il Garum

La fermentazione consiste in una serie di processi chimici di parziale demolizione di una sostanza organica operata, attraverso enzimi, da microorganismi viventi che così traggono l'energia necessaria per il loro accrescimento e moltiplicazione. In cucina e nell'industria alimentare assistiamo a molti processi di fermentazione (nella produzione di bevande alcoliche, nella maturazione dei formaggi, ecc).

Gli antichi romani apprezzavano sopra ogni cosa una particolare salsa: il Garum.

Essa era molto costosa e ricercata ed era il condimento di elezione dei patrizi romani, la casta sociale più elevata.

Ma come veniva preparata questa salsa liquida?

Il Garum è una salsa di interiora di pesce, salate, essiccate e fermentate per vari mesi al sole. Le teste di sardoni, sgombri e altri pesci venivano messe, alternate a strati di sale ed erbe aromatiche, in anfore di creta.

Ne emergeva una salsa liquida che veniva quindi stillata e raffinata: il Garum appunto.

Con esso i romani condivano carni, pesci e formaggi, ma anche frutta e verdura.

L'odore pareva insopportabile, tanto che poteva essere abbinato al miele, eppure tutti lo adoravano. Non esistono ancora oggi cibi puzzolenti, eppure che godono di largo consenso? Pensiamo, ad esempio, al gorgonzola.

Nel mondo odierno esistono vari cibi che ricordano il Garum: in Campania, ex Beverly Hills romana, a Cetara si realizza la celebre "colatura di alici". Nel lontano Vietnam esiste una salsa che più di ogni altra si avvicina a quella dei romani: il Nuoc Man, realizzata con la stessa procedura antica di fermentazione in otri aperte.

L'uovo centenario

L'estremo oriente è la terra che più di ogni altra, popolarmente, si è spinta nel terreno delle fermentazioni. La grande cucina cinese e del sud-est asiatico realizza moltissime preparazioni fermentate.

La fermentazione rappresenta veramente la storia in cucina, le preparazioni così realizzate recano l'impronta del tempo, della conservazione, del ricordo e suscitano una vibrazione ispida, dolce e malinconica.

Ma questa è una visione intellettuale di tali preparazioni, esse, a livello popolare, nacquero dalla necessità di conservare e rendere accessibili certi alimenti nei periodi in cui la natura è meno generosa.

In Cina, oltre cinque secoli fa, nel periodo Ming, un'anatra depose un uovo in una pozza piena di calce spenta, residuo della costruzione di una casa. Un'abitante, alcuni mesi dopo scoprì l'uovo e lo aprì...Assaggiò, apprezzò a tal punto il sapore da volerlo ricreare. Da lì nacque l'uovo centenario: in realtà invecchia cento giorni, ma per il suo aspetto sepolcrale e leggendario, sembra veramente provenga da un passato lontano.

Per prepararlo viene infuso il tè nella calce viva con cenere e sale. Con questa poltiglia viene ricoperto interamente il guscio. La pula di riso definiva l'ultimo strato e da lì le uova iniziavano la loro maturazione.

Nei tre mesi seguenti il fango asciuga e forma una crosta che, tramite il guscio, agisce sull'albume e sul tuorlo. Avete presente le maschere di bellezza per il viso? Il principio è lo stesso: il fango asciugando estrae i liquidi dall'uovo. Il materiale alcalino, il fango di rivestimento appunto, va a spezzare le catene di grassi e proteine in componenti più piccoli. L'albume diviene gelatina ambrata, il tuorlo invece assume colorito muffoso. Assaggiamolo e ci sembrerà di fare un salto nel tempo e di ritornare a cento anni fa!

La farina

La farina è il prodotto della macinazione di frutti secchi o dei semi di varie piante. Ne derivano moltissime farine: di mais, orzo, farro, segale, castagne, ceci, castagne, ecc.

La farina per eccellenza, molto usata in cucina, pasticceria e panificazione, è quella ottenuta dal grano tenero.

La farina di grano duro, anche essa molto utilizzata nella produzione di pasta e pane, è detta semola. La semola differisce dalla farina anche per la granulometria: infatti se la farina è una polvere impalpabile, la semola ha granelli più grandi, visibili e percepibili al tatto.

In commercio sono disponibili diversi tipi di farina di grano tenero, categorizzate e distinte dal grado di raffinazione:

- Farina "tipo 00" proviene dalla parte centrale del chicco, basso grado di estrazione (70-75%), si distingue in purezza e candore.
- Farine "tipo 0", "tipo 1", "tipo 2" comprendono via via anche la parte più esterna del chicco, sono meno raffinate e hanno un più alto grado di estrazione (80%).

La farina integrale invece è ancor più grezza e meno raffinata. Per legge non può avere una estrazione del 100% dalla macinazione del chicco di grano, ma si attesta sul 95-97% circa. Sicuramente le farine elencate avranno caratteristiche diverse, ma non per forza la farina più raffinata sarà la migliore. Anzi la farina integrale, più grezza, conterrà molte sostanze preziose per l'organismo. Inoltre, in questi ultimi anni, specie nella panificazione, le farine integrali sono giustamente tornate ad essere molto apprezzate.

Un'ultima caratteristica che dobbiamo considerare quando trattiamo una farina è il suo valore proteico, visibile nella tabella nutrizionale o indicato con la lettera "W".

Questa variabile ci permetterà di scegliere la farina più adatta alla nostra ricetta.

C5. Produzione di pizze e prodotti assimilati

"Chi non sa che cosa sia la pizza, non conosce la felicità..."

Chi non sa cosa è la pizza?

"Italians do it better" recitano I pizzaioli di tutto il mondo: essa è uno dei prodotti più celebri della cucina italiana nel mondo. Ma conosciamola meglio.

La pizza è una preparazione gastronomica salata fondata su un impasto a base di farina, acqua, olio e lievito.

C5.A. Preparazione impasto

Iniziamo la nostra prima pizza!

Prendiamo gli ingredienti necessari e, capendo che funzione hanno, andiamo a comporre l'impasto. Ci servono:

- Acqua e farina: se la pizza fosse un palazzo, acqua e farina ne costituirebbero il cemento! Dall'incontro di questi due ingredienti si sviluppa la *maglia glutinica*, il cuore della struttura portante della preparazione.

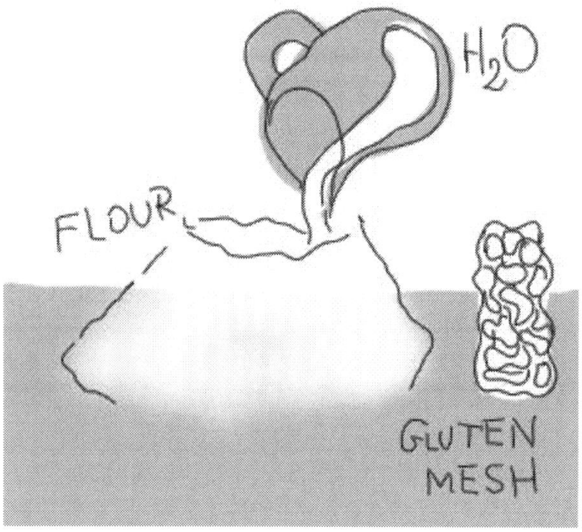

- Olio: rappresenta la parte grassa della ricetta, esso svolge un'azione emulsionante. Ha molte caratteristiche fondanti la sua presenza: rende l'impasto omogeneo, migliora la lavorabilità della pasta e la sua conservabilità, aumenta l'estensibilità della maglia glutinica e impermeabilizza la superficie della pallina (la nostra futura pizza) impedendone la disidratazione e mantenendola idratata.

N.B. E' fondamentale in questa ricetta, mediterranea per eccellenza, l'utilizzo di Olio Extra Vergine d'Oliva. Diffidiamo dall'utilizzo di altri grassi, pena lo stravolgimento della ricetta, anzi usiamo un olio EVO (Extra Vergine d'Oliva) di alta qualità.

- Lievito: è materia viva, appartiene alla categoria dei funghi microcellulari e permette il processo di lievitazione: ovvero permette all'impasto di gonfiare, crescere in volume, grazie alla produzione di anidride carbonica.

- Malto: è un dolcificante naturale che si ottiene normalmente dall'orzo, fatto germinare, essiccare, cuocere in acqua e ridotto in polvere o forma liquida. Esso rappresenta il nutriente per la nostra popolazione di lieviti: la sua presenza dunque è fondamentale perché il processo si realizzi in modo perfetto.

C5.A.1. Metodo diretto

Si parla di *lievitazione diretta* quando si impastano tutti gli ingredienti insieme e i tempi di lievitazione variano da una a sette ore. Si possono utilizzare, in questa modalità, due tipi di lievito:

- Lievito di birra: Originariamente veniva ricavato dai residui della fermentazione della birra, attualmente sostituiti da quelli ottenuti dalla lavorazione della barbabietola da zucchero.

  Esiste in due forme di lievito di birra: secco o fresco.

- Lievito chimico: di solito viene utilizzato nella preparazione dei dolci. Qui la produzione di anidride carbonica non è dovuta all'azione di microrganismi, ma ad agenti lievitanti di natura chimica: in particolare bicarbonato e cremor tartaro.

Esistono anche altri metodi per fare l'impasto: semi-indiretto e indiretto. Ma ora non dilunghiamoci e mettiamo le mani in pasta, componiamo la nostra prima pizza!

C5.B. Formatura

C5.B.1. Pizza in teglia

La pizza viene proposta in diversi formati: il primo che esaminiamo è la "pizza in teglia". Questo prodotto gastronomico possiamo trovarlo in moltissimi forni, bar e pasticcerie. Viene venduto ai clienti di passaggio in tranci come comodo pasto veloce o da passeggio.

Dopo che assembliamo l'impasto è necessaria la fase di riposo e lievitazione. Come ho già detto precedentemente negli impasti "diretti" il tempo di lievitazione è variabile da una a sette ore, mediamente quattro. Ora possiamo stendere l'impasto in una teglia ben unta di olio EVO e, dopo aver condito e assortito la nostra futura pizza, infornare.

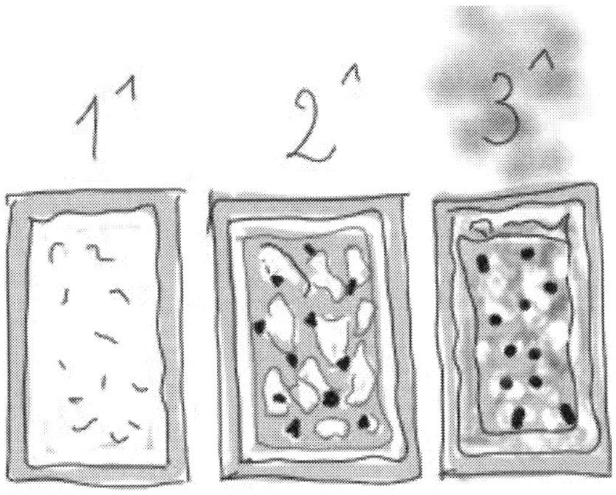

C5.C. Farcitura

Alcuni "gusti" di pizza sono diventati ormai patrimonio dell'umanità: chi non conosce la *Marinara*? Chi non ha mai sentito parlare della *Quattro stagioni*, oppure della *Diavola*?

Ora vedremo alcuni assortimenti, a partire da tre ingredienti, fino a comporre pizze sempre più complesse e fantasiose.

C5.C.1. Preparazione degli ingredienti

Al pari di ogni modalità ristorativa, anche in pizzeria, ordine e pulizia sono una religione: quindi la *linea* degli ingredienti con cui andremo a comporre la nostra pizza vanno preparati con precisione assoluta.

Ogni materia prima va quindi curata e approntata per essere posta al di sopra della pizza nella fase di cottura richiesta: le verdure mondate e tagliate, la salsa di pomodoro pronta per essere distesa, la mozzarella sbriciolata o tagliata sottilmente, il basilico pulito e mantenuto dentro a carte assorbenti inumidite.

Ogni ingrediente necessita del suo trattamento, della sua modalità di conservazione e attraverso le nostre ricette impareremo a prendercene cura e approntarlo all'uso.

C5.C.2. Fino a 3 ingredienti

Con soli tre ingredienti si possono già comporre delle pizze straordinarie, che hanno scritto la storia della cucina!

Abbiamo disteso in teglia il nostro impasto, iniziamo:

- La "Margherita" è la più celebre di tutte, la regina delle pizze.

  Gli ingredienti con cui è condita sono salsa di pomodoro, mozzarella (fior di latte), basilico fresco, sale e olio.

  E' per antonomasia il simbolo della cucina napoletana e italiana e una delle preparazioni più note del mondo intero.

Porta anche il nome di una regina: Margherita di Savoia, alla quale il cuoco Raffaele Esposito, forse il suo inventore, della pizzeria Brandi la dedicò.

N.B. Quando distendiamo sull'impasto la salsa di pomodoro è importante non sbagliarne la quantità: se la salsa sarà poca la pizza risulterà secca in superficie, se sarà troppa l'impasto non cuocerà e risulterà bagnato e gommoso.

- La "Marinara" è un'altra celeberrima pizza napoletana.

  Essa viene condita con salsa di pomodoro, aglio, origano e olio.

  Forse è la più mediterranea di tutte le pizze, viene molto apprezzata nel sud Italia.

  Il nome *marinara* deriva dal fatto che gli ingredienti da cui è composta hanno la possibilità di essere conservati molto più a lungo di mozzarella, latticini e salumi: ciò la rendeva la pizza da viaggio dei marinai.

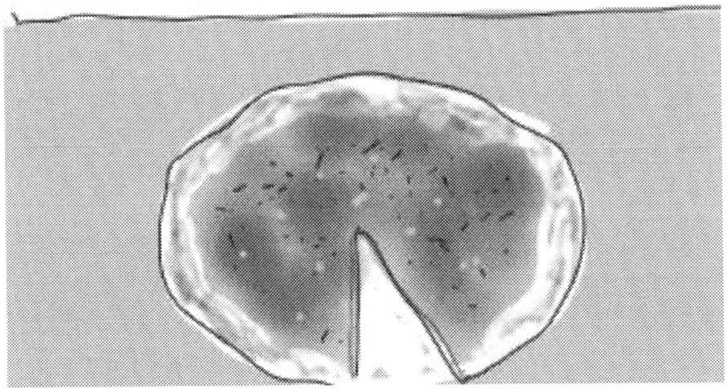

- La pizza con la mozzarella di bufala è un'altra delle pizze più amate di sempre.

  Campana per eccellenza, trova nell'alta qualità di questo prodotto caseario il suo punto di forza.

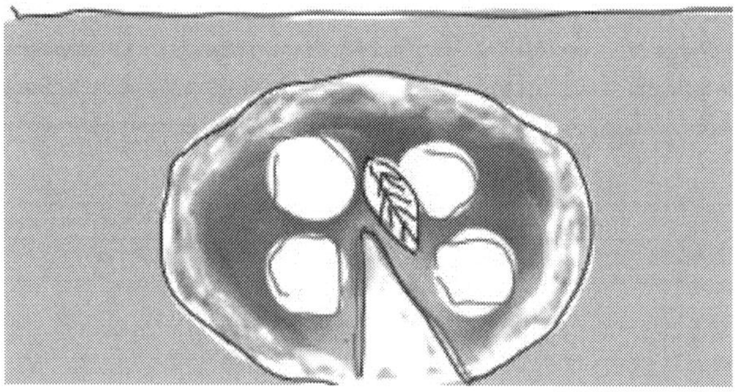

Questo latticino è prodotto esclusivamente con latte fresco e intero di bufala di razza mediterranea italiana.

N.B. Una importante accortezza nel preparare questa pizza è quella di mettere la mozzarella di bufala sulla pizza "a fine cottura", ovvero quando, tagliata a fettine, la pizza è stata appena sfornata.

Il tema che abbiamo appena toccato è fondamentale per la perfetta riuscita della nostra pizza.

Quando vanno messi gli ingredienti per condire una pizza?

La domanda ne apre molte altre: Di quale ingrediente stiamo parlando? Che tipo di impasto abbiamo realizzato? Di quale intensità di calore abbiamo bisogno, rapportata al tempo, per portare a cottura la nostra pizza?

Noi vediamo in molte pizzerie abili pizzaioli che condiscono velocemente la loro pizza e infornano: in pochi minuti è tutto pronto! Ma non sempre è così.

Alcuni ingredienti ad esempio vanno messi a fine cottura: pensiamo ad esempio alla sopra citata mozzarella di bufala, al prosciutto crudo o alla rucola.

Altri ingredienti, su certe modalità di impasto, vanno invece messi a metà cottura: se realizzo una pizza in teglia e la porto in forno a 200°C, dal momento che occorreranno circa venti minuti affinché si cuocia, la mozzarella ad esempio andrà aggiunta solo a metà cottura se non voglio bruciarne la superficie, lo stesso per molti altri ingredienti.

Quindi immergiamoci nel mondo tutto italiano della pizza e con la passione e l'esperienza impareremo a comporre pizze sempre più precise e gustose.

Pizza Margherita in teglia

Ingredienti (teglia 28x43 cm)

- 190 gr acqua
- 280 gr farina "0" 180-220W
- 2gr malto
- 28 gr Olio EVO
- 15 gr lievito di birra fresco
- 6 gr sale
- Passata di pomodoro q.b.
- Mozzarella q.b.
- foglie di basilico

Procedimento

Sciogliere il lievito nell'acqua. Aggiungere l'olio. Aggiungere metà della farina.

Iniziare ad impastare col gancio. Aggiungere sale e malto. A poco a poco incorporare la farina rimanente e continuare impastare.

Rovesciare sul piano di lavoro infarinato, coprire e lasciare riposare 10 minuti coperta da un canovaccio.

Metterla in teglia, ungerla bene d'olio e fare lievitare per 60 minuti.

Stendere l'olio e allargate con dolcezza l'impasto in teglia.

Condite con pomodoro.

Infornare in forno statico a 220/240°C per 10/12 minuti. A metà cottura mettere la mozzarella tagliata a pezzettini.

Pizza Margherita tipo pizzeria

Ingredienti (3 pizze)

- 450/480 gr farina W 250
- 280 gr Acqua
- 8 gr sale
- 2/3 gr lievito di birra fresco
- Pomodoro q.b.
- Mozzarella q.b.
- Foglie di Basilico q.b.

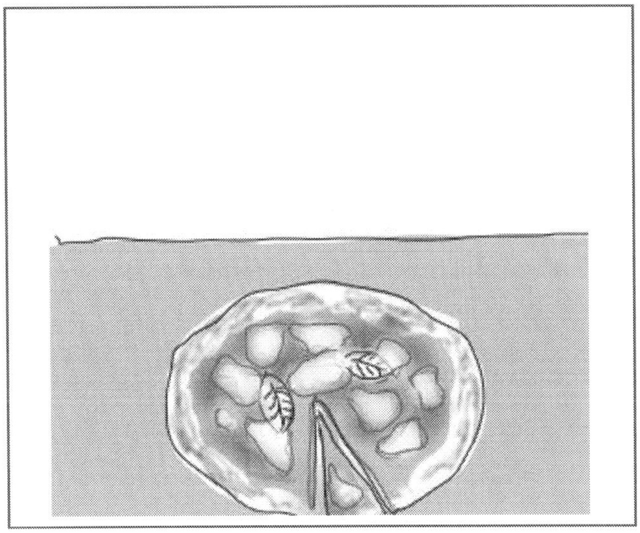

Procedimento

Unire l'acqua a metà della farina ed impastare col gancio per 2 minuti.

Coprire con la pellicola e mettere a riposare per 30 minuti.

Aggiungere il lievito, un poco di farina, il sale e a poco a poco tutta la farina.

Rovesciare sul piano di lavoro e coprire con pellicola e canovaccio: deve lievitare 2 ore.

Dividere in palline da 250 gr: dare doppia piega e forma.

Lievitare coperta per 4/6 ore.

Aprirla con le mani fino a formare un bel disco omogeneo.

Metterla sulla pala: condirla con pomodoro e mozzarella.

Cuocerla in forno sulla pietra refrattaria a 250/300 °C per 4/6 minuti.

La mozzarella

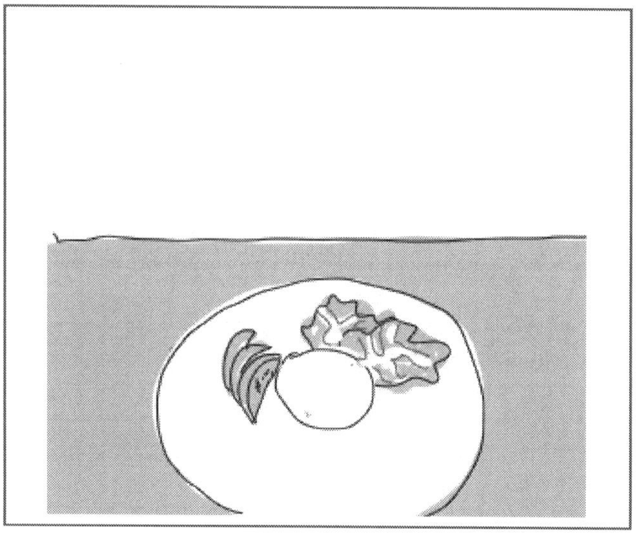

La mozzarella è un latticino a pasta filata originario dell'Italia meridionale.

La materia prima da cui deriva è il latte, che può essere vaccino o bufalino.

Il suo nome deriva dall'operazione di mozzatura compiuta nel separare l'impasto in piccoli pezzi durante la lavorazione.

La mozzarella è uno degli ingredienti protagonisti della pizza. Ma per capirla andiamo a vedere come si fa!

Vediamo l'occorrente:

- 3l di latte crudo
- 4gr acido citrico
- 50 ml acqua
- 1,2ml (36 gocce) caglio liquido vitello
- 1l acqua+ 8gr sale grosso (per la salamoia)

Versare il latte crudo in una capiente casseruola e pastorizzarlo portandolo a 70°C.

Fare raffreddare finché il latte arriva a 15°C.

Misurare 1,2ml di caglio liquido, sciogliere 4gr di acido citrico in 50 ml di acqua.

Aggiungere al latte acido citrico e acqua mescolando per 2 minuti.

Portare il latte a 33/36°C e versare il caglio misurato.

Chiudere con il coperchio e fare riposare per un'ora. Togliere il coperchio e rompere la cagliata tagliandola a forma di reticolo di 4x4 cm. Fare riposare per 15 minuti per permettere al siero di separarsi dalla cagliata.

Rompere la cagliata con la frusta in pezzi più piccoli.

Fare riposare altri 15 minuti per fare depositare sul fondo la cagliata.

Rimuovere il siero con il mestolo, fino a che la cagliata non risulta coperta solo da un leggero velo di siero.

La cagliata matura deve avere il giusto *ph* (compreso tra 5,6 e 5,8). Andiamo a misurare il *ph* con una cartina tornasole.

Se il *ph* è superiore la cagliata va fatta maturare ancora il tempo necessario.

Asciughiamo la cagliata dal siero ribaltandola in una fascella, finché non risulta asciutta e compatta.

Tagliare a cubetti la cagliata. Scaldare una pentola di acqua in una temperatura tra 80 e 85°C.

Mettiamo la cagliata in una boule di acciaio e versiamo via via l'acqua su tutta la cagliata. Avvolgiamo su se stessa e facciamo filare la cagliata, aiutiamoci con un cucchiaio di legno, finché non risulta molto liscia.

Quando la mozzarella è filata al punto giusto possiamo procedere alla mozzatura e alla forma delle future palline. Immergere i bocconcini nell'acqua.

In un'altra boule preparare la salamoia con le dosi indicate e tuffarvi le mozzarelle, lasciarle per 15 minuti.

Ora la mozzarella è pronta e può essere usata per moltissime ricette: dalla insalata caprese, alla mozzarella in carrozza, e naturalmente nella pizza!

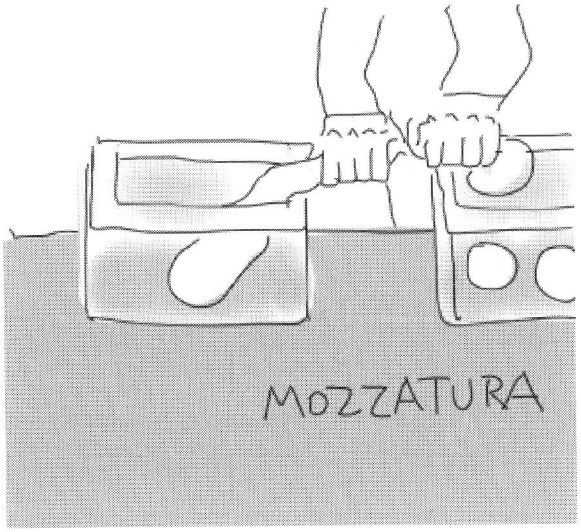

C5.C.3. Fino a 5 ingredienti

La semplicità nel condimento è sicuramente una dote di alcune delle pizze che sono entrate nella storia mondiale della gastronomia. Altre pizze invece convincono per l'equilibrata complessità nell'assortimento dei gusti e riescono a radunare molti ingredienti.

- La "pizza alle quattro stagioni" è una varietà che divide in quattro settori la pizza, per condirne ognuna con un particolare ingrediente associato ad una delle stagioni. La versione più celebre è composta da una base di pomodoro e mozzarella estesa all'intera pizza e nelle diverse sezioni in serie: prosciutto cotto, olive nere, carciofini sott'olio e funghi.

  Se le quattro stagioni venissero mischiate la pizza prenderebbe un altro nome famoso: "Capricciosa".

- Altra celeberrima pizza per gli amanti dei prodotti caseari e dei sapori intensi è la "pizza ai 4 formaggi". Per realizzare questa pizza dobbiamo partire anche qui da una base di *margherita*, anche se a dire il vero è diffusa anche la versione "bianca" senza pomodoro, alla quale dobbiamo aggiungere altri tre formaggi oltre alla mozzarella. Riguardo alla scelta dei formaggi vi è un dibattito in corso tra i pizzaioli di tutto il mondo: si può dire che i più diffusi e gettonati siano emmenthal, edamer, gorgonzola (che non può mai mancare), dolcelatte, asiago, provolone, fontina, parmigiano.

Ora vi allego alcuni suggerimenti di condimenti che dovrete assolutamente provare nel comporre le vostre pizze, poiché sono stati così celebri per il pubblico da entrare in una vera classifica, proprio come in una "Hit Parade" musicale:

- Diavola: ovvero una margherita con il salamino piccante e l'olio al peperoncino
- Tonno e cipolle
- Bresaola, rucola e grana padano a scaglie
- Panna e Speck: questa rigorosamente senza pomodoro
- Mozzarella di bufala, prosciutto crudo e pomodorino ciliegino
- Patate, Salsiccia e peperoni "friggitelli"

Queste sono solo alcune delle stelle più lucenti nell'empireo della pizza, ma io dico sempre "La fantasia è la vostra...": quindi perché non provate a comporre la vostra pizza, cercando una particolare cifra stilistica e seguendo il vostro istinto e gusto personale?

Non abbiate paura! Mal che vada non si può fare peggio di una particolare pizza diffusa negli Stati Uniti e nel Canada: la "Pizza Hawaiana". Essa include oltre alla base di pomodoro e mozzarella anche peperoni, bacon, prosciutto, funghi e ananas sciroppato!

C5.D. Cottura

C5.D.1. Forno a legna, elettrico o a gas

Il segreto di una buona pizza spesso sta nella sua cottura ottimale.

Dobbiamo quindi, prima di tutto, conoscere bene il nostro forno.

Nelle strutture specifiche si trovano forni a legna di grande valore: in queste circostanze le pizze vengono cotte ad altissime temperature e in breve tempo.

Le temperature variano dai 330°C ai 380°C per i forni elettrici e a gas professionali, e intorno ai 380-450°C per i forni a legna.

Anche a casa però possiamo ottenere dei risultati validi, anche se i forni non superano i 250°C.

Ovviamente con una così grande differenza di temperatura cambiano anche i tempi di cottura, che sono più brevi più la temperatura è alta.

Quindi per fare una buona pizza dobbiamo fare un buon impasto, adatto alla temperatura con cui verrà cotto, ma anche conoscere ogni ingrediente per capire in che quantità e quando metterlo sulla pizza (se da subito, crudo o precotto, a metà o a fine cottura).

Solo così possiamo ottenere una pizza perfetta, con la pasta ed ogni ingrediente cotti al punto giusto.

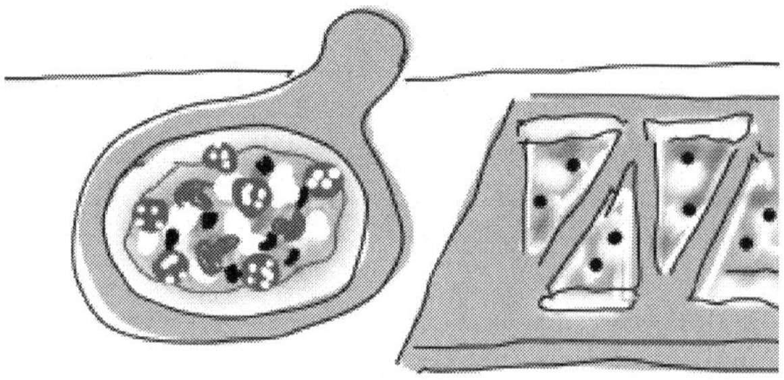

C5.E. Prodotti assimilati

C5.E.1. Focacce

Il termine focaccia deriva dal tardo latino "focus" che richiamava la cottura nel focolare: già nel mondo classico quindi si realizzavano focacce, anche se molto diverse da quelle a cui siamo abituati oggi.

Cerbero, cane infernale a tre teste, smanioso di addentare ed aggredire, viene ammansito dalla Sibilla, durante la discesa agli inferi di Enea, che gli getta un'offa: una focaccia al miele intrisa di erbe soporifere.

Fondamentalmente la focaccia è un impasto di farina, acqua, sale e lievito.

In Italia, ritornando ai nostri giorni, esistono molte varianti regionali di questa preparazione, che differiscono per impasto, procedimento e condimento.

- Tra tutte certamente un posto d'onore è riservato alla *focaccia genovese*. Questa focaccia è una sorta di pane piatto, che subisce tre fasi di lievitazione distinte, condito con abbondante sale e olio d'oliva.

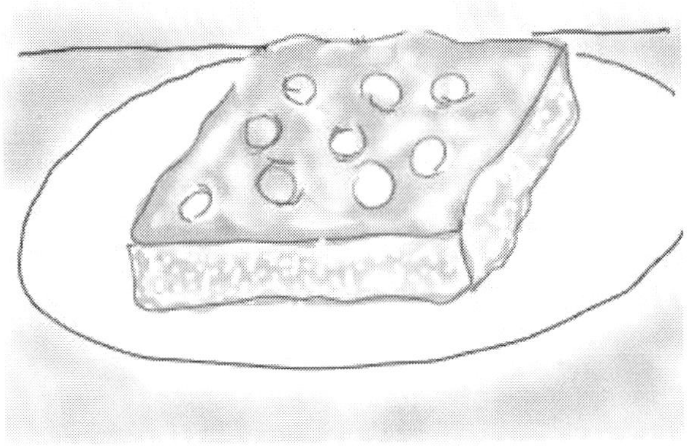

- La focaccia genovese è disponibile anche in una variante con le cipolle tagliate a *filanger* in superficie

- Genova in effetti è la vera patria della focaccia contemporanea. Sulla "riviera" di levante, molto vicino alla città si affaccia sul mare un paese chiamato Recco. Qui è la sede di una delle migliori focacce del mondo, la *focaccia al formaggio di Recco*.

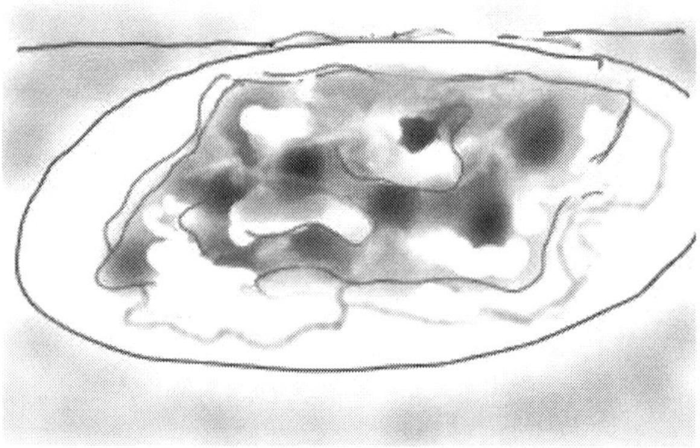

La pasta in questo caso è sottilissima, semitrasparente, senza lieviti e molto elastica. Due strati di pasta la formano con all'interno stracchino e una particolare cagliata ligure, la *prescinseua*.

- La *focaccia con l'uva* è una tipica preparazione di Firenze e di Prato.

- Ancora in questa città d'arte troviamo la *schiacciata fiorentina*

- Spostandoci al sud troviamo la *focaccia barese* e la *focaccia messinese*

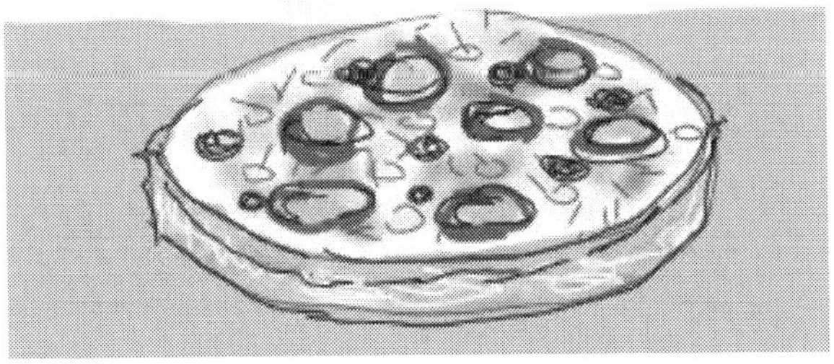

Queste focacce che ho annoverato sono solo alcune tessere del mosaico di questa preparazione così fortemente italiana. Sicuramente una ricerca approfondita di ognuna di esse attraverso lo stivale potrebbe essere di alto valore gastronomico.

Focaccia genovese

Ingredienti

- 200 gr acqua 30°C
- 20 gr olio EVO
- 7 gr sale
- 3 gr malto
- 320 gr farina "00"
- 17 gr lievito di birra fresco

Procedimento

Unire acqua, olio, sale, malto e metà della farina. Impastare col gancio.

Incorporare il lievito e a poco a poco la farina rimanente. Impastare bene.

Coprire con un canovaccio e fare riposare 10/15 minuti.

Oliare le teglie, dare due pieghe all'impasto e dividerlo per le teglie (540 gr di impasto su teglie di 40x25 cm).

L'impasto deve essere unto, ora può lievitare per 60 minuti fino al raddoppio del suo volume.

Stendere l'impasto sulla teglia e salarne la superficie leggermente.

Lasciare lievitare 30/40 minuti.

Mettere acqua tiepida, olio Evo sulla superficie della focaccia e fare con i polpastrelli i classici buchi. Lasciare lievitare per 60 minuti.

Cuocere a 220/240°C per 15-20 minuti. Fare raffreddare su grate ove possa passare l'aria sotto. Lucidare la superficie spalmando l'Olio EVO con il pennello.

Focaccia al formaggio tipo Recco

Ingredienti (teglia 40x25cm)

- 200 ml di acqua
- 100 gr Olio EVO
- 10 gr sale
- 400 gr farina Manitoba
- Stracchino q.b.

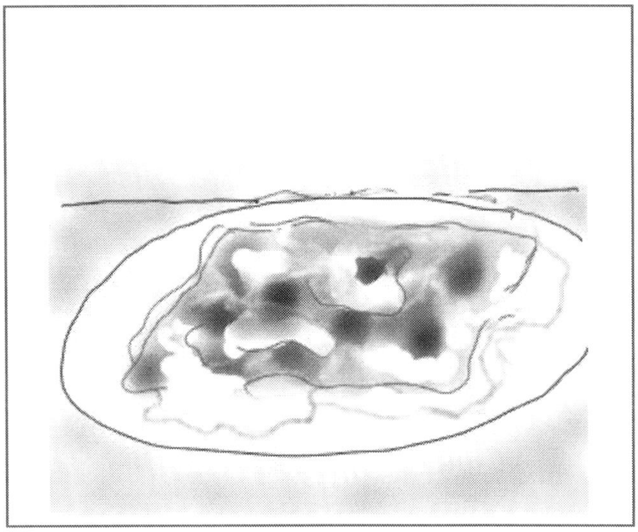

Procedimento

Mettere in planetaria acqua, olio, sale e a poco a poco la farina.

Stendere sul piano di lavoro, dare due pieghe e lasciare riposare, coperta con la pellicola, 2/3 ore.

Stendere l'impasto prima con il mattarello, poi aprirlo con le mani fino a trasformarlo in una sfoglia semitrasparente. Adagiarlo sulla teglia unta.

Condirlo con stracchino. Fare un'altra sfoglia e adagiarla sulla precedente fino a racchiudere lo stracchino tra le due.

Bucherellare la superficie della sfoglia superiore.

Condire con un poco di sale e di olio EVO.

Cuocere a 300°C per 6 minuti a forno secco e statico.

C6. Preparazione di basi per la pasticceria

C6.A. Basi per la pasticceria

Questa sezione del testo si occuperà via via di scoprire quelle che sono le basi della pasticceria classica e moderna.

L'arte bianca si avvale, nelle sue fondamenta, di relativamente pochi ingredienti: su tutti la farina, le uova, lo zucchero, il latte e i suoi derivati.

L'arte del buon pasticcere sta quindi nel creare particolari amalgami per la costituzione di impasti e creme, al fine di costruire opere d'arte di ogni gusto e dimensione.

Se il cuoco non deve rovinare ciò che madre natura gli ha donato, il pasticcere deve costruire strutture commestibili partendo da ingredienti di base semplici, ma infinitamente duttili e combinabili tra loro: in tale modo, solamente con una grandissima conoscenza della materia e delle reazioni chimiche, egli può compiere quelle meravigliose preparazioni che spesso vediamo esposte nelle vetrine.

C6.A.1. Paste friabili

"La friabilità è la proprietà di alcuni corpi solidi di ridursi in minuti frammenti, di sminuzzarsi, in seguito a compressione o per urto anche leggero". Questa è la definizione di *friabilità* data dal dizionario della lingua italiana *Treccani*. Le "paste friabili" sono la prima delle basi di pasticceria che approfondiremo. Esse vengono utilizzate per dare una base solida ma friabile a molte preparazioni: pensiamo ad esempio alle crostate.

Per formare questa cosiddetta "pasta frolla" occorrono pochi ingredienti: farina, burro, zucchero e uova. Essi si uniscono secondo le regole di tre tecniche fondamentali, che daranno risultati diversi tra loro e caratteristici:

- Il sistema classico: prevede di lavorare insieme la materia grassa (il burro) con lo zucchero e le uova, mentre la farina viene incorporata alla fine. Per realizzare un buon prodotto dobbiamo utilizzare una farina a basso valore proteico (10-11%) e non lavorare troppo l'impasto.

- Il sistema inverso o "sablé": prevede di lavorare il burro con la farina fino ad ottenere una consistenza simile alla sabbia e successivamente unire le uova e lo zucchero alla fine. Così è possibile ottenere frolle molto grasse e friabili.

  Il principio fisico alla base di questa tecnica è semplice da capire: la materia grassa ricopre numerose particelle di farina che si trovano così impermeabilizzate: il glutine, richiuso in queste particelle, è isolato e non può bagnarsi e diventare elastico a contatto con i liquidi (contenuti ad esempio nelle uova).

- Sistema montato: a metà tra le paste friabili e le masse montate, prevede di "montare" gli ingredienti costituenti la frolla con la frusta (avremo un grande vantaggio con l'utilizzo della planetaria).

  Questo impasto liscio e omogeneo, prima metteremo burro e zucchero, poi le uova ed infine la farina, viene inserito nella sac-a-poche.

  Questo metodo ci permetterà di *dressare* friabilissimi biscottini.

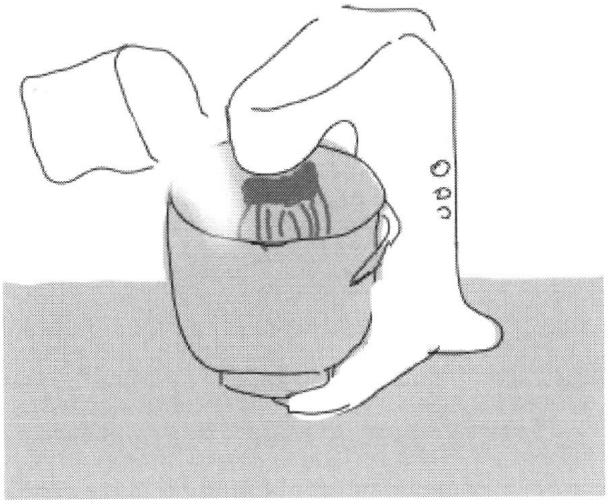

W	310-370	HARD	PANETTONE BRIOCHES PANE
W	250-310	MEDIUM HARD	PANE PASTA DURA
W	160-250	MEDIUM SOFT	PASTICCERIA TARTINE P. SFOGLIA PAN SPAGNA
W	90-160	SOFT	PASTA FROLLA

N.B. Per un'ottima pasta frolla useremo dunque una farina con una quantità scarsa di proteine, corrispondente dunque a un "W" basso.

C6.A.2. Masse montate

Le masse montate sono una delle basi di pasticceria e sono così chiamate poiché la loro lievitazione è dovuta, parzialmente o totalmente, all'aria incorporata nelle uova durante la lavorazione.

Le proteine dell'uovo, in particolare l'albumina, formano e stabilizzano la struttura della montata. E' semplice da vedere: avete mai montato a neve l'albume?

N.B. Ricordiamoci che per montare al meglio le nostre uova o i nostri albumi dobbiamo fare in modo che le uova abbiano una temperatura compresa tra i 35 e i 50 °C. Quindi attenzione a non iniziare una montata con le uova appena prese dal frigorifero!

L'impasto più importante delle masse montate uova è il *Pan di Spagna*.

Questa preparazione così celebre merita una lista di leggi e accortezze che ci permetteranno di ottenerne un'esecuzione perfetta.

- Le uova devono essere a temperatura ambiente, oppure appena scaldate, mescolando, a bagnomaria fino alla temperatura di 35-40°C.

- Le polveri (farine desiderate) devono sempre essere setacciate e incorporate in quattro o cinque tempi alla montata, mescolando delicatamente con movimenti dal basso verso l'alto.

- La montata di uova è pronta quando la massa è chiara, spumosa e stabile. Nel gergo tradizionale si dice che essa "scrive", ossia se alzata con la frusta ricade dolcemente lasciando un tratto morbido sul resto della massa.

- Se desideriamo fare un Pan di Spagna al cacao dobbiamo aggiungere il cacao fino a un peso massimo del 10% sulla percentuale totale della farina. La quantità di farina sostituita dal cacao va eliminata.

- Se si esegue un Pan di Spagna arricchito con il burro, esso va amalgamato a una piccola parte della montata, e poi il tutto va aggiunto alla massa principale, altrimenti quest'ultima si smonterà. Quindi il burro ha sempre bisogno di questo *medium*.

Ora che abbiamo imparato tutte le regole d'oro possiamo fare, seguendo le ricette e le procedure, dei Pan di Spagna perfetti!

C6.B. Creme per la pasticceria

C6.B.1. Creme di base

Nella riuscita di un piatto è fondamentale l'aspetto delle consistenze: gli ingredienti non devono essere solamente equilibrati nel gusto, ma devono bilanciarsi e contrastarsi nelle consistenze.

Come nel mondo della cucina salata l'apporto delle salse è fondamentale, così nei dolci sono le creme che fanno la differenza: ed esse devono essere eseguite alla perfezione.

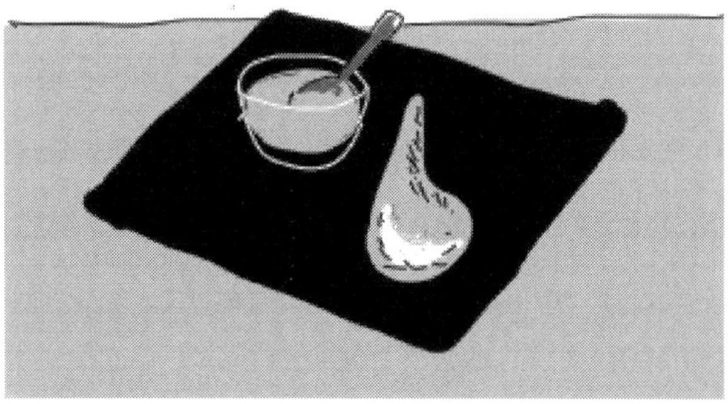

Approfondiamo le creme di base della pasticceria:

1. La crema pasticcera: sicuramente la più usata e celebre.

   Gli ingredienti che la compongono hanno ognuno la propria funzione.

- Il liquido: latte fresco, panna o un'unione tra di loro
- I tuorli: sono l'elemento fondante della crema. Grazie al loro potere coagulante quando esposti ad una fonte di calore, riescono a dare la consistenza cremosa del preparato.
- Le polveri: Partecipano alla consistenza della crema addensandola e gelificandosi quando esposte all'azione del calore abbinato all'umidità.
- Gli aromi: Quasi sempre si usa la bacca di vaniglia. Essa sa unire tra loro i sapori, collegare gli elementi della ricetta (una funzione simile viene svolta, nella cucina salata, dalla cipolla) e creare un gusto unico, caratteristico e aromatico. Alternativamente alla bacca di vaniglia viene usata anche la buccia di limone.

2. La crema inglese: la regina delle creme dell'arte bianca, estremamente delicata, totalmente priva di amidi. Essa deve la sua consistenza cremosa e leggera unicamente al potere coaugulante dei tuorli.

   Viene molto usata come crema di accompagnamento per dolci ed è la base di una preparazione molto celebre, la "bavarese".

   Rispetto alla crema pasticcera, differendo da essa per l'assenza di amidi, ha una consistenza molto più fluida pur nella sua cremosità.

   I suoi ingredienti sono quindi latte o panna, tuorli, zucchero e aromi.

   Nella sua cottura la crema inglese non deve superare gli 85°C, altrimenti si straccia e assume il fastidioso odore di zolfo.

   La crema inglese, quando è pronta, vela il retro del cucchiaio o la leccapentole.

C6.E. Elementi decorativi

C6.E.1. Glasse per decorare

Le glassa (o ghiaccia) è una preparazione di pasticceria con cui si rivestono i dolci allo scopo di abbellirli ed esaltarne il gusto.

Possiamo dividere le glasse in due categorie:

- Le glasse colanti: sono preparazioni cremose che vengono riversate sul dolce e quindi spalmate con la spatola.

  Tra le più celebri la glassa colante a base zucchero (molto usata nel glassare i bignè).

Altra glassa celeberrima di questo gruppo è la glassa colante al cioccolato (possiamo ammirarla sulla torta Sacher).

- Le glasse in pasta: sono preparazioni in pasta a base di sciroppo di zucchero che vengono spianate a mattarello e successivamente drappeggiate sulla torta, come una tovaglia sopra il tavolo.

L'arte moderna del cake design si avvale di queste glasse in pasta di zucchero per realizzare vere e proprie sculture.

C7. Produzione artigianale di pasticceria fresca

C7.A. Dolci da credenza

C7.A.1. Dolci classici

Grazie alle basi tecniche che abbiamo assimilato possiamo eseguire alcuni dei più grandi dolci della storia.

Le ricette

Pan di Spagna farcito alla marmellata

Ingredienti:

(per una tortiera di 24 cm)

- 5 uova medie
- 150 gr di zucchero
- 1 baccello di vaniglia
- 75 gr di farina "00"
- 75 gr di fecola di patate
- 1 pizzico di sale fino

(per guarnire)

- q.b. marmellata
- q.b. zucchero a velo

Procedimento visuale:

1) Uova + Zucchero → Montare.

2) Montata ottenuta + Farina e fecola → Unire a poco a poco con movimenti dal basso verso l'alto della spatola.

3) Versare il tutto nello stampo imburrato e infarinato.

4) Cuocere in forno statico, preriscaldato a 160°C per 45-50 minuti.

   Ora sfornate il vostro Pan di Spagna e quando si sarà intiepidito potrete tagliarlo e farcirlo.

   Potrete servirlo con una spolverata di zucchero a velo e assaporandolo capirete quanto sarà delicato e soffice.

Torta della nonna

Ingredienti:

(per la pasta frolla)

- 2 uova medie
- 450 gr farina "00"
- 160 gr zucchero
- 200 gr burro (freddo)
- 1 scorza di limone

(per la crema pasticcera)

- 750 gr latte intero
- 3 uova
- 1 tuorlo
- 225 gr zucchero
- 35 gr amido di mais (maizena)
- 30 gr farina "00"
- 1 scorza di limone

(per decorare)

- 25 gr pinoli
- zucchero a velo q.b.

Procedimento visuale:

1) Farina + Burro freddo (a pezzettini) ➡ Mettere nel mixer e azionare le lame per ottenere la sabbiatura.

2) Farina e burro sabbiati + Zucchero + uova ➡ Impastare il minimo necessario per fare un composto (in modo da non formare la maglia glutinica) e mettere a riposo per minimo un'ora.

3) Latte + Scorza di limone ➡ Scaldate senza portare a bollore.

4) Uova + tuorlo + zucchero + farina + maizena ➡ Mescolare.

5) Latte caldo + composto uova zucchero polveri → Amalgamare mescolando e mettere su una bastardella a bagnomaria fino a che la crema non si addensi. Raffreddare quindi la crema stendendola su placca e coprendola con pellicola a contatto.

6) Comporre la torta stendendo la frolla fino a uno spessore di tre millimetri. Imburrare uno stampo di 26 cm, e arrotolando la frolla sul mattarello distenderla sullo stampo. Fare aderire bene la frolla sullo stampo e bucherellare il fondo. Versare la crema pasticcera all'interno. Ora potete decidere se mettere una frolla di chiusura o lasciare aperta la vostra torta. Decorare ora con i pinoli.

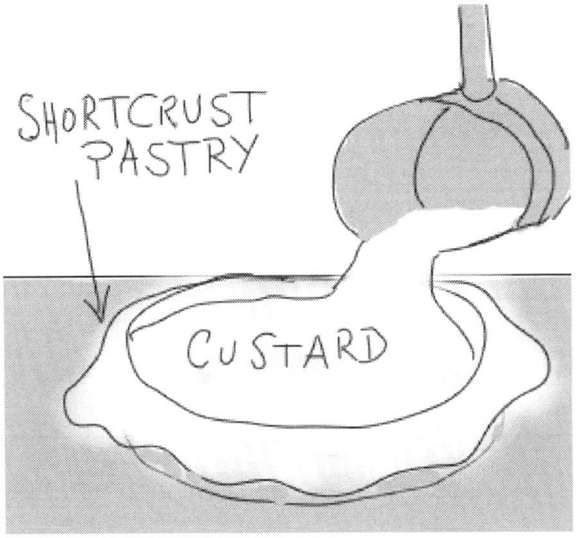

7) Infornare la torta della nonna in forno statico preriscaldato a 160°C per 45-50 minuti. Sfornare e fare raffreddare completamente. Servire spolverizzando con zucchero a velo.

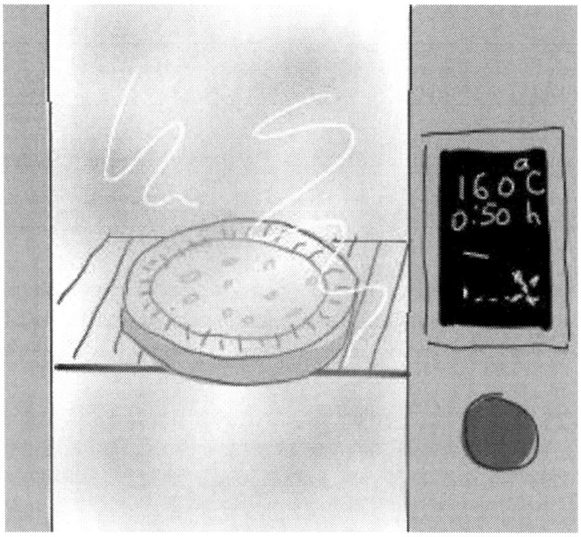

Torta di mele

Ingredienti:

- 700 gr mele Golden
- 200 gr Zucchero
- 200 gr Farina "00"
- 100 gr Burro
- 200 ml Latte intero
- 2 Uova
- 1 Limone
- 16 gr Lievito per dolci
- 1 Cucchiaino di cannella in polvere
- 1 Pizzico di sale fino
- Zucchero a velo q.b.

Procedimento visuale:

1) Sbucciare le mele e tagliarle a fettine, irrorate con succo di limone.

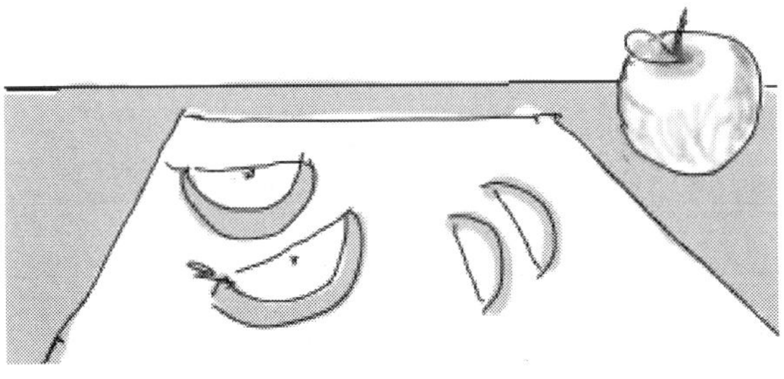

2) Iniziate la montata → Uova + Metà dello zucchero, poi quando montato l'altra metà + Burro fuso a temperatura ambiente + Cannella e scorze di limone + Polveri setacciate (farina e lievito) + Latte a filo a temperatura ambiente.

3) Incorporare le fettine di mela all'impasto.

4) Imburrare e infornare una tortiera di 25 cm di diametro e porvi all'interno il composto. Cuocere la torta di mele in forno statico preriscaldato a 180°C per 45-50 minuti.

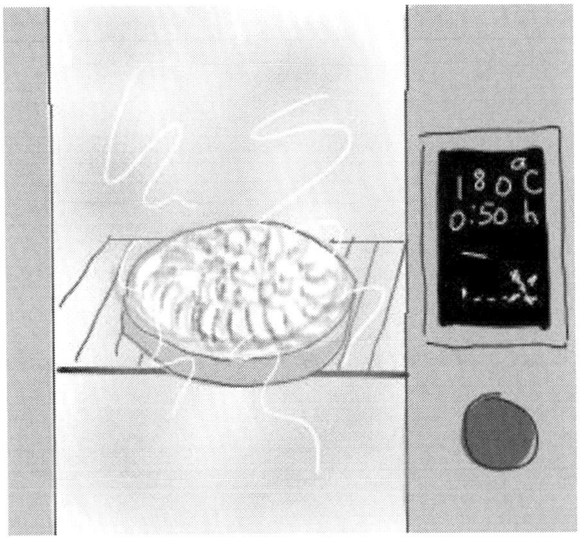

5) Raffreddare prima di togliere dallo stampo e servire spolverizzando di zucchero a velo.

Torta Caprese

Ingredienti:

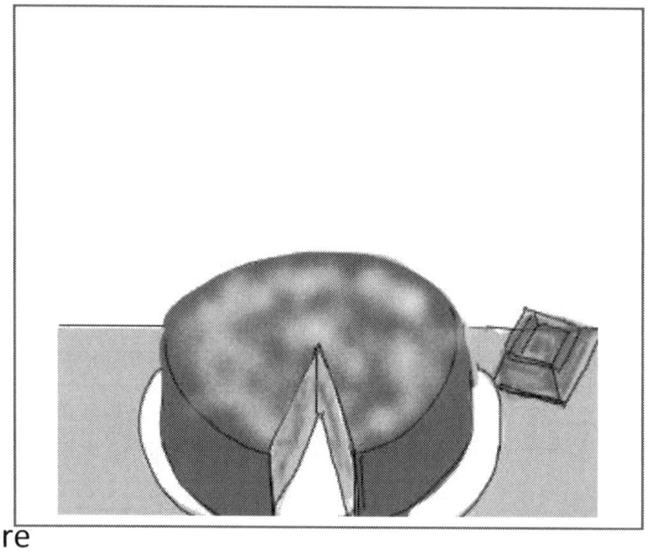

- 170 gr Cioccolato fondente
- 85 gr Polvere di mandorle
- 85 gr Polvere di nocciole
- 170 gr Zucchero a velo
- 170 gr Burro ammorbidito
- 25 gr Fecola di patate
- 14 gr Cacao amaro in polvere
- 148 gr Albume
- 85 gr Tuorlo
- 4 gr Lievito istantaneo per dolci
- ½ bacca di vaniglia
- 1 Pizzico di sale
- Zucchero a velo q.b.

Procedimento visuale:

1) Burro a temperatura ambiente + Metà dello zucchero a velo + tuorli d'uovo

→ Montare per dieci minuti fino a quando il composto non è spumoso.

2) Cioccolato grattuggiato + Mandorle in polvere + Nocciole in polvere + Fecola di patate + Lievito per dolci + Cacao amaro in polvere

→ Mescolare tutte le poveri.

3) Albume + Zucchero a velo ➡ Montare fino a quando il composto è lucido e spumoso e forma il classico becco d'uccello.

4) Mescolare le due montate e le polveri a poco a poco e con movimenti dal basso verso l'alto per non fare smontare l'amalgama risultante. Mettere il composto in una tortiera da 22 cm imburrata e infarinata.

5) Infornare e cuocere in forno preriscaldato e ventilato a 170°C per 45 minuti. Fare poi raffreddare, capovolgere la torta e spolverizzare con zucchero a velo.

Torta Sacher

Ingredienti:

- 75 gr Cioccolato fondente
- 60 gr Tuorli
- 90 gr Albumi
- 65 gr Burro ammorbidito
- 65 gr Farina "00"
- 20 gr Zucchero a velo
- 90 gr Zucchero
- 1 Baccello di vaniglia
- 1 Pizzico sale fino

(per la farcitura)

- 150 gr Confettura di albicocche

(per la copertura)

- 185 gr cioccolato fondente
- 125 gr panna fresca liquida

Procedimento visuale:

1) Fondere il cioccolato fondente.

2) Burro morbido + Zucchero a velo + Pizzico di sale + Semi del baccello di vaniglia ➡ Lavorare con la frusta fino ad ottenere un composto cremoso. Aggiungete i tuorli e continuate la montata per 10 minuti.

3) Assicuratevi che il cioccolato abbia una temperatura compresa tra i 45°C e i 55°C → Aggiungete il cioccolato fuso al composto di burro e tuorli e continuate a mescolare fino a che l'amalgama uniforme.

4) Montare gli albumi e quando iniziano a salire + zucchero semolato a poco a poco. Non montate a neve ferma, fermatevi poco prima.

Unire gli albumi al composto precedente e mescolare senza smontare.

Aggiungere anche la farina setacciata. Questo è un momento delicato della ricetta, ricordiamo i movimenti della spatola dal basso verso l'alto.

5) Imburrate e infarinate uno stampo da 18 cm di diametro, versate e livellate il composto e cuocete in forno preriscaldato statico a 170°C per 35-40 minuti.

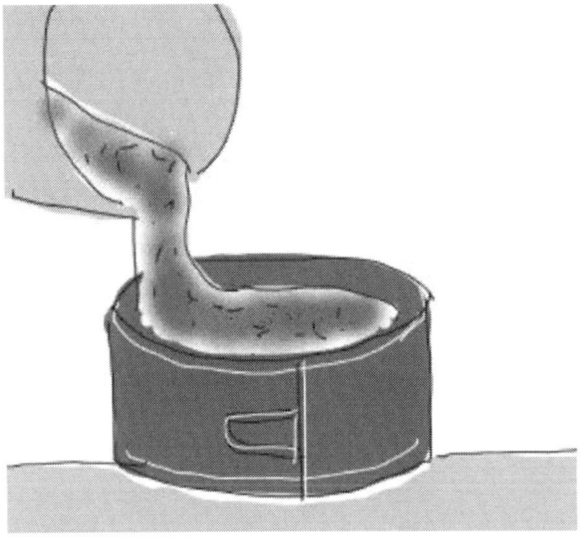

6) Tagliate la torta in due dischi, quando fredda, con un coltello a lama lunga seghettata.

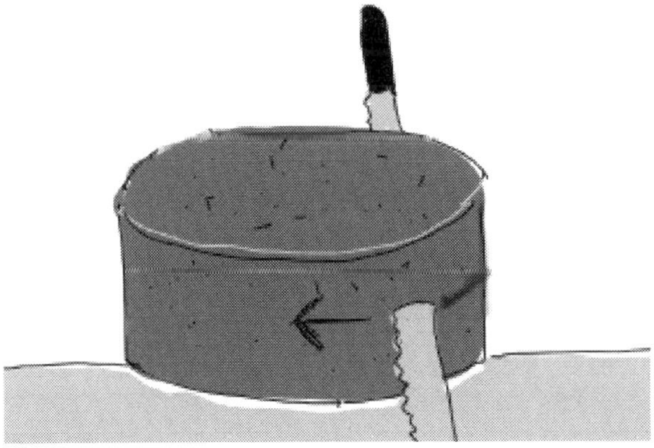

7) Spatolate la confettura di albicocche su entrambi i dischi, impilateli e ricoprite anche il bordo della torta con la confettura

8) Preparare la ganache: Panna bollente + Cioccolato → Mescolare fino a che il cioccolato risulti completamente sciolto e amalgamato. Quando la ganache è a 40°C potete glassare la torta.

9) Ponete a rassodare la torta a +4°C per 20 minuti e servite.

Strudel di mele

Ingredienti:

- 130 gr Farina "00"
- 30 ml Acqua
- 9 gr Olio di semi
- 54 gr Uova
- 1 Pizzico di sale fino

(per il ripieno)

- 750 gr Mele Golden
- 60 gr Zucchero
- 60 gr Pangrattato
- 50 gr Burro
- 50 gr Uvetta
- 25 gr Pinoli tostati
- 1 cucchiaino Cannella in polvere
- 2 cucchiai Rum

Procedimento visuale:

1) Farina "00" + Acqua + Uova + Olio di semi + Sale ➡ Impastare tutti gli ingredienti fino ad ottenere un impasto molto elastico ed omogeneo. Mettere a riposare un'ora a temperatura ambiente.

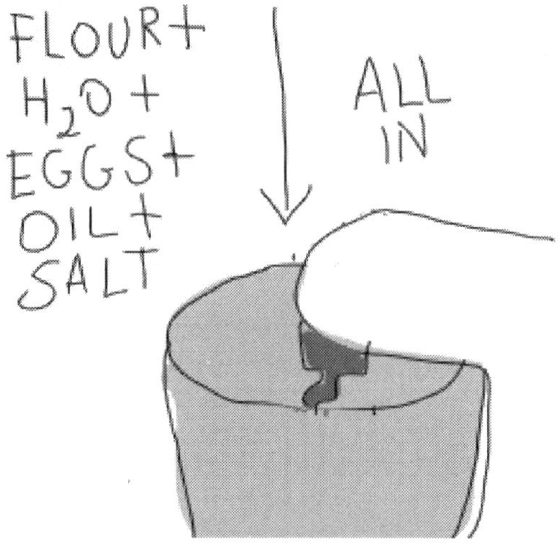

2) Burro + Pangrattato ➡ Sciogliere il burro in padella e unirvi il pan grattato e tostare.

3) Mele a pezzi + zucchero + pinoli + cannella + uvetta (messa a bagno nel Rum e poi strizzata) → Macerare assieme questi ingredienti.

4) Tirare sottilissima la pasta, deve essere semi-trasparente, quindi spennellate di burro fuso e cospargete di pangrattato. Solo ora distendere le mele nell'impasto ed effettuare il vortice, caratteristica forma dello Strudel, aiutandovi con un canovaccio.

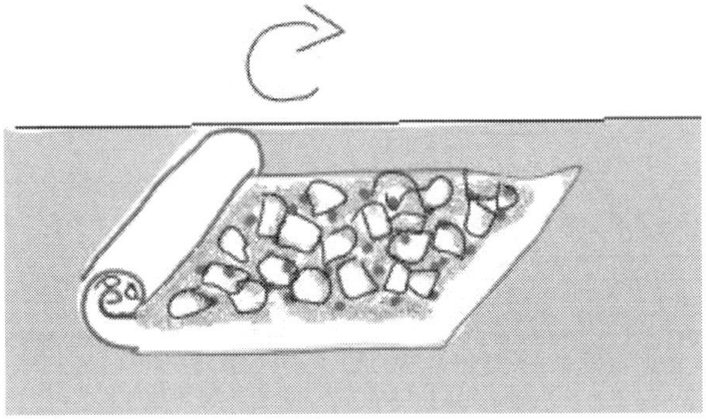

5) Spennellate lo Strudel con burro fuso e infornate in forno statico preriscaldato a 200°C per 40 minuti.

Servite tiepido e spolverizzato con zucchero a velo.

Tiramisù

Ingredienti:

- 300 gr Savoiardi
- 220 gr Uova extra fresche
- 500 gr Mascarpone
- 100 gr Zucchero
- 300 gr Caffè
- Cacao amaro in polvere q.b

Procedimento visuale:

1) Tuorlo + Metà dello zucchero → Montare fino a quando non risulti bianco e spumoso.

2) Montata + Mascarpone → Continuare a montare fino a quando non si ha una bella crema densa e compatta.

3) Albume + Zucchero → Montare a neve ed unire alla montata precedente dei tuorli.

4) La crema base del Tiramisù è pronta, ora bisogna stratificare il dolce.

   Uno strato di crema, uno di savoiardi inzuppati nel caffè (al punto giusto), un altro di crema, ancora savoiardi, per finire con la crema. Livellate il composto e spolverizzate con il cacao amaro in polvere.

5) Fare rassodare in frigorifero per un paio d'ore e poi servire.

C8. Produzione artigianale di pasticceria secca

C8.A. Biscotteria

C8.A.1. Biscotti stampati

L'arte bianca propone dolci di tutte le misure e per ogni occasione.

Pensiamo alla pausa tè delle 5 p.m. degli inglesi, oppure alla colazione leggera all'italiana col caffè.

Quante volte questi piccoli riti quotidiani, veri momenti di piacere, vengono accompagnati da un buon biscotto?

L'esempio tipico di pasticceria secca mignon è detto biscotto. Scomponendo il termine capiamo l'origine della parola. "Bis-cotto" ovvero cotto due volte. Infatti, alcuni esempi di biscotto subiscono una biscottatura, ovvero una cottura in due fasi, in grado di caramellarne ogni superficie. Classico esempio sono i Cantucci toscani.

Esistono infiniti "modelli" di biscotto, differenti per misura, consistenza e impasto. Sicuramente la base fondante di moltissimi biscotti è la "pasta frolla". Da qui deriva che il biscotto è una preparazione di piccola pasticceria, secco, dolce e friabile.

Variando le tecniche di lavorazione della frolla, sostituendo farine di mandorle, di nocciole o variando altri parametri otteniamo moltissimi biscotti diversi.

La pasticceria classica ha creato alcuni biscotti che per bontà ed eccellenza sono realmente entrati nel patrimonio culturale dei piaceri umani del gusto.

Cantucci

Ingredienti:

- 180 gr zucchero
- 1 uovo
- 265 gr farina "00"
- 0,5 gr ammoniaca per dolci
- 110 gr mandorle
- 10 gr Marsala
- Scorza ½ agrume
- 1 pizzico sale fino
- 30 gr burro pomata
- 1 tuorlo

Procedimento

Unire in una boule lo zucchero e l'uovo e mescolare fino a fare sciogliere i cristalli. Unire la farina (assieme all'ammoniaca per dolci) al composto di uova e zucchero. Amalgamare e unire anche il burro, impastare con le mani. Aggiungere all'impasto le mandorle, la scorza di agrumi e il marsala. Impastare bene e formare un panetto.

Dividere il panetto in parti per ottenere dei filoncini lunghi e stretti. Spennellare i filoncini con tuorlo d'uovo.

Cuocere in forno secco statico preriscaldato a 200°C per 20 minuti, sfornare i fare intiepidire i biscotti.

Tagliare i filoncini in cantucci di 1,2 cm di spessore.

Ridisporre i cantucci sulla teglia e biscottare in forno preriscaldato a 160°C secco e statico. Sfornare e far raffreddare.

Baci di dama

Ingredienti:

- 75 gr farina di mandorle
- 75 gr farina di nocciole
- 150 gr farina "00"
- 150 gr burro
- 120 gr zucchero
- 1 tuorlo
- 3 gr sale grosso
- 150 gr cioccolato fondente

Procedimento

Unire le farine, lo zucchero e il burro freddo a pezzetti.

Pizzicare l'impasto con le dita per ottenere un composto bricioloso. Aggiungere il tuorlo e impastare. Aggiungere in ultimo il sale e ribaltare sul piano di lavoro. Appiattire un poco l'impasto dopo avere finito di lavorarlo, avvolgere nella pellicola e dare riposare un'ora in frigorifero.

Dividere l'impasto in filoncini e i filoncini in gnocchetti da 9 gr l'uno. Trasformare in palline i gnocchetti e trasferirle in una teglia foderata con carta forno.

Cuocere in forno preriscaldato a 170°C per 15 minuti in modalità secco e ventilato.

Sfornare e fare raffreddare.

Sciogliere il cioccolato fondente e inserire in un conetto di carta forno.

Dressate la metà dei biscotti che richiuderete con l'altra metà di essi a formare la classica forma dei baci di dama. Fare raffreddare 20 minuti a +4°C.

Frollini

Ingredienti:

- 2 uova
- 500 gr farina "00"
- 200 gr zucchero a velo
- 250 gr burro
- Scorza di limone

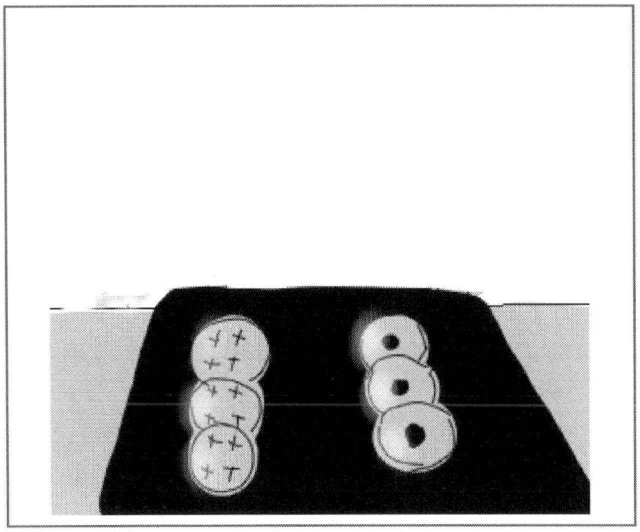

Procedimento

Versare la farina nel mixer insieme al burro freddo e a pezzetti.

Azionare le lame a più riprese per ottenere un composto sabbioso. Unire lo zucchero a velo, l'uovo e la scorza di limone grattata. Azionare le lame pochi istanti, a bassa velocità, per miscelare l'impasto. Trasferire su una spianatoia. Compattare velocemente per non fare sviluppare il glutine. Lasciare a riposare a +4°C almeno un'ora.

Riprendere la frolla e stenderla con il mattarello a spessore di 8-9 mm. Stampare, grazie alle forme più fantasiose, i vostri futuri frollini.

Cuocere a 180°C in forno preriscaldato statico e secco fino a che i biscotti non iniziano a dorarsi.

C8. B. Dolci fritti

C8.B.1. Dolci classici

"Non tutte le ciambelle riescono col buco…" recita un famoso detto popolare, allo stesso modo non tutti i dolci vengono cotti in forno. Entriamo nella categoria di quelle preparazioni fritte, cotte in un grasso incandescente. Tra tutti anche appunto…le ciambelle!

Di solito questi prodotti consistono in impasti dolci, contenenti agenti lievitanti, che friggendo si sviluppano diventando gonfi, morbidi e di colore bruno dorato.

Alcuni di loro vengono fritti per immersione con la tecnica del "deep frying", ad esempio le frittelle veneziane o le ciambelle americane, altri invece vengono fritti in padella in un velo di grasso, pensiamo ad esempio alle famose crepes francesi.

Le ricette

Krapfen

Ingredienti:

- 350 gr farina Manitoba
- 150 gr farina "00"
- 250 gr latte intero
- 120 gr burro morbido
- 50 gr zucchero
- 15 gr lievito di birra fresco
- Scorza di 1 limone
- 1 baccello di vaniglia
- 10 gr miele
- 5 gr sale fino
- 4 tuorli
- 1 uovo

- 200 gr confettura di albicocche
- 1l olio di semi
- Zucchero a velo q.b.

Procedimento

Sciogliere il lievito in un bicchiere del latte pesato, a temperatura di 35°C, e unirvi il miele. Unire invece lo zucchero semolato al restante latte e aggiungere vaniglia, sale, tuorli e uovo intero. Sbattere con la forchetta.

Unire le farine in planetaria con la foglia. Aggiungere la buccia di limone grattata. Azionare a bassa velocità e unire man mano i composti preparati in precedenza.

Alzare via via la velocità a livello medio.

Quando il tutto è incorporato aggiungere un pezzettino di burro alla volta.

Quando l'impasto è liscio ed elastico trasferirlo sul piano di lavoro e dare ad esso forma sferica. Mettere in boule chiusa con pellicola e fare lievitare per 2 ore.

Stendere l'impasto fino a formare rettangoli spessi 2 cm.

Dare per due volte la celebre piega a 3, come quella della pasta sfoglia. Come illustrato nell'immagine. Tra le due pieghe fate riposare 5 minuti.

Stendere il panetto fino a spessore di 1 cm. Lasciare riposare 10 minuti.

Con coppapasta di dimensione 6 cm coppate l'impasto ad ottenere dei dischetti.

Trasferire su teglia con cartaforno, coprire con pellicola e fare lievitare 1 ora.

Trascorso il tempo friggere i krapfen in olio a 170°C per 4 minuti, girandoli a metà per ottenere una cottura perfetta e una doratura omogenea. Porre su carta assorbente.

Farcire con confettura di albicocche o crema pasticcera e spolverizzare di zucchero a velo.

Donuts

Ingredienti:

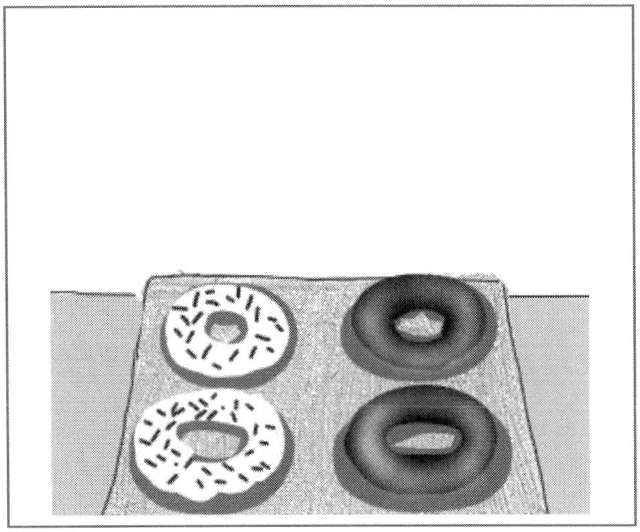

- 250 gr farina"00"
- 250 gr farina Manitoba
- 12 gr lievito di birra fresco
- 250 ml latte tiepido
- 70 gr zucchero
- 2 uova medie
- 75 gr burro ammorbidito
- 5 gr estratto vaniglia
- 6 gr sale
- Acqua q.b.
- 20 gr burro
- 50 gr cioccolato fondente
- 150 gr zucchero a velo
- 50 gr cioccolato bianco
- 1 l olio di semi
- Codette colorate

Procedimento

Unire il lievito di birra ad un poco di zucchero e di latte a temperatura di 30°C.

Versare la farina nella planetaria e mescolare con foglia le farine e il composto di lievito. Unire il rimanente latte e tiepido, lo zucchero, le uova, la vaniglia e il sale. Impastare a velocità moderata per 15 minuti. Sostituire la foglia con il gancio e aggiungere a poco a poco il burro ammorbidito. Coprire l'impasto liscio e omogeneo e fare lievitare per 2 ore.

Stendere l'impasto fino a spessore di 1 cm e con due coppa-pasta di misure diverse ottenere le ciambelle desiderate. Fare lievitare le donuts altri 40 minuti. Cuocere i donuts nell'olio a 175°C fino a che non siano dorati da entrambi i lati.

Per la glassa: Versare il burro fuso nello zucchero a velo e tanta acqua calda per ottenere un composto fluido. La glassa può essere utilizzata così o unita al cioccolato desiderato. Toccate i donuts nelle glasse tiepide ed infine nelle codette.

Crepes

Ingredienti:

- 3 uova medie
- 250 gr farina "00"
- 500 ml latte intero
- Burro q.b.

Procedimento

Rompere le uova in una boule, unire il latte.

Setacciare la farina e introdurla nel primo composto a poco a poco, mescolando sempre con la frusta, in modo da non formare grumi.

Fare riposare 1 ora in frigorifero.

Scaldare la padella adatta, ungerla con un poco di burro e versare con il mestolo la dose di pastella giusta per fare ricoprire da un velo sottile il fondo della stessa.

Girare la crepe quando il primo lato sarà cotto.

Quando le crepes sono pronte possono essere farcite con confetture, creme gianduia e anche con condimenti salati.

Le celeberrime crepes Suzette vengono guarnite con marmellata di arance, quindi flambate con Gran Marnier e succo di arancia.

C8.C. Torte da forno

C8.C.1. Crostate e torte farcite

Tra le torte della credenza un posto d'onore spetta alla crostata. Essa è un vero è proprio must della pasticceria. Ogni nonna o zia ha la sua ricetta e i suoi trucchi nel realizzarla.

Può essere guarnita con marmellate ai gusti più svariati o con crema pasticcera e frutta fresca.

Andiamo a vedere come si prepara.

Le ricette

Crostata alle confetture

Ingredienti:

- 250 gr Burro freddo di frigo
- 500 gr Farina "00"
- 110 gr Uova medie
- 200 gr Zucchero a velo
- 1 Limone
- 1 Pizzico sale fino
- 400 gr Confettura

Procedimento visuale:

1) Burro a pezzetti e freddo di frigo + Farina ➡ Azionare mixer con lame per ottenere la sabbiatura.

2) Composto sabbioso + Zucchero a velo + Uova + scorza di limone ➡ Azionare di nuovo le lame fino a compattare il tutto. Avvolgere nella pellicola e mettere a riposo per minimo un'ora.

3) Tirate la frolla fino a che è spessa 7-8 mm, avvolgetela sul mattarello e srotolatela su uno stampo di 24 cm.

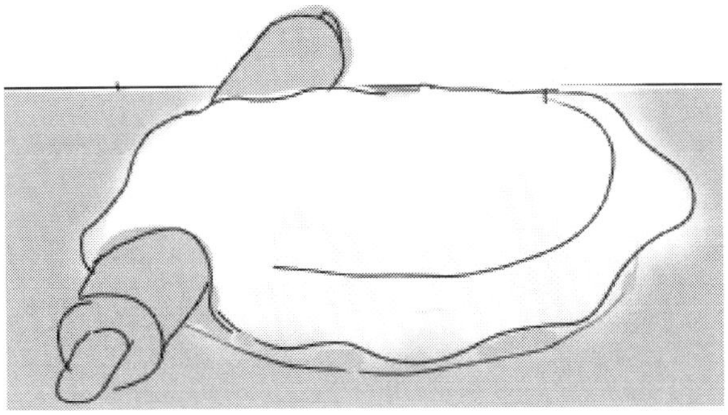

4) Forate la base della crostata con la forchetta e versate all'interno la confettura scelta. Stendere la frolla fino a spessore di 7-8 mm e con ruota dentellata ottenere le losanghe da mettere poi sopra alla crostata per renderla inconfondibile.

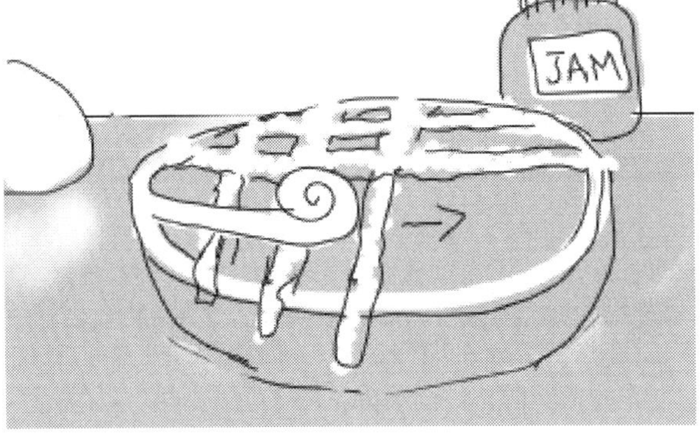

5) Spennellare in superficie con un po' di latte e cuocere in forno preriscaldato e statico a 170°C per 55 minuti. Fate raffreddare, sformate e servite.

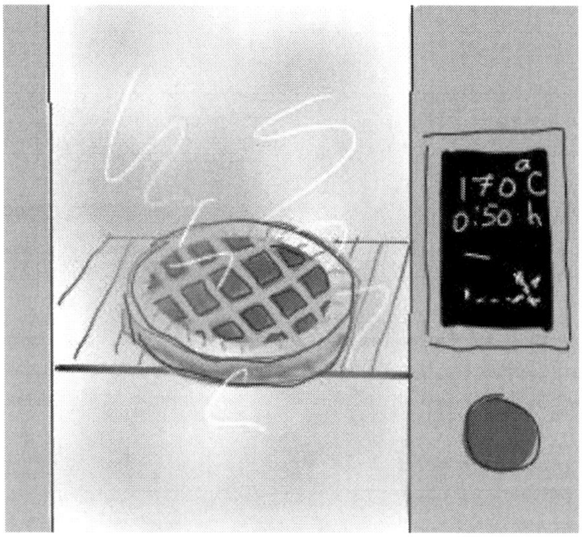

C9. Produzione artigianale di pane, grissini e crackers

Dulcis in fundo prendiamo in esame la preparazione che più di ogni altra definisce la nostra dieta, il nostro stile di vita, la nostra cultura: il pane.

Il pane accompagna ogni nostro pasto e ce ne sono moltissime varietà: cambiano le farine, gli ingredienti, i metodi di impasto, i tipi di lievito e i tempi di riposo.

Iniziamo questo percorso che nell'arco degli anni ci porterà ad esplorare il mondo dei panificati e a realizzare numerose ricette.

C9.A. Metodi di impasto

C9.A.1. Impasto diretto

Iniziamo dal pane più semplice ed istintivo, quello a lievitazione diretta, ovvero quello dove non sono presenti impasti e lievitazioni preliminari, ma dove gli ingredienti vengono da subito assemblati assieme.

Pane metodo diretto

Ingredienti:

- 150 gr farina Manitoba
- 350 gr farina "00"
- 350 gr acqua
- 7 gr lievito di birra fresco
- 8 gr sale fino
- 1 cucchiaino Malto

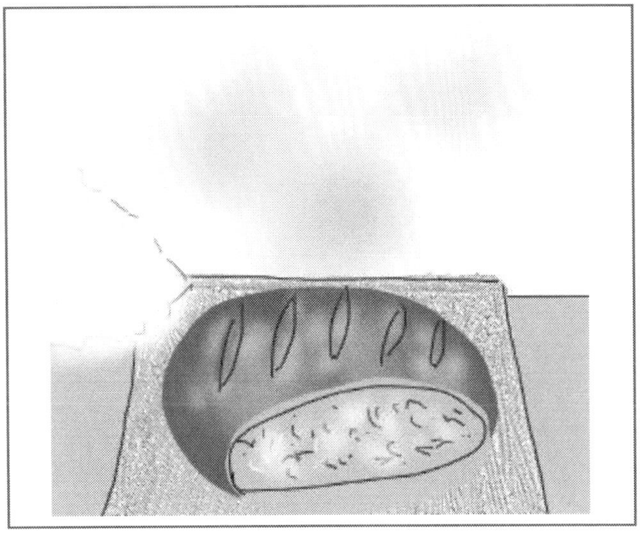

Procedimento

Sciogliere il lievito di birra nell'acqua a temperatura ambiente.

Unire in una boule le due farine e il malto.

Mescolare e intanto versare a poco a poco l'acqua.

Impastare per 10 minuti fino a che l'impasto non risulti ben incordato (se viene realizzato in planetaria usare il gancio).

Fare riposare per 10 minuti, trasferire sul piano di lavoro e dare le famose "pieghe".

Allargare l'impasto e ripiegarne i lembi verso l'interno.

Infine, passare alla "pirlatura" dando all'impasto forma di pallina.

Fare lievitare dentro una boule chiusa con la pellicola per due ore.

Riprendere il pane, ridare le pieghe e ripirlare.

Lasciare lievitare un'altra ora.

Realizzare delle incisioni in superficie e cuocere nel forno preriscaldato, statico a 230°C per 20 minuti (umidità a 15%). Abbassare la temperatura a 180°C e togliere l'umidità, lasciare cuocere altri 35 minuti a valvola aperta.

Lasciare raffreddare e solo allora affettare la pagnotta per servirla.

C9.B. Pani comuni

Anche in questo mondo esistono alcune ricette che sono entrate nel mito, consacrando alcuni formati di pane nella cultura gastronomica popolare.

Cosa sarebbe della Francia senza la baguette?

Andiamo quindi ad esaminare quei pani che per eccellenza e semplicità hanno saputo distinguersi diventando "pop", bagaglio comune della nostra quotidianità affettiva; prodotti che qualora mancassero a lungo dalle nostre tavole ne sentiremo la mancanza.

Le ricette

Baguette facile

Ingredienti:

- 500 gr farina "00"
- 320 gr acqua
- 12 gr lievito di birra
- 1 cucchiaino di sale

Procedimento

Unire 100 gr di farina a 60 ml di acqua e il lievito. Ottenuta una pallina mettere in una boule coperta con pellicola e fare lievitare un'ora.

Aggiungere al lievitino l'acqua rimanente, il sale e la farina. Impastare fino a incordare una palla e fare lievitare un'ora.

Dividere l'impasto in 4 parti. Stendere ognuna delle 4 e arrotolare fino a formare 4 filoncini. Disporre su un canovaccio infarinato e fare lievitare un'altra ora.

Fare dei tagli trasversali e spennellare con una emulsione di acqua ed olio.

Cuocere a 230°C per 15 minuti in forno statico con 15% di umidità e finire cuocendo altri 15 minuti a 200°C eliminando l'umidità.

Buns (pane da hamburger)

Ingredienti:

- 500 gr farina Manitoba
- 225 gr latte intero
- 40 gr zucchero semolato
- 75 gr burro morbido
- 10 gr sale
- 7 gr lievito di birra fresco
- 10 gr malto
- 2 uova medie
- Semi per la finitura q.b.
- Tuorlo per la finitura q.b.

Procedimento

Sciogliere il lievito di birra in un poco di latte a 30°C. Versare in planetaria munita di gancio le farine, il composto di lievito, il malto e le uova a temperatura ambiente. Impastare per 20 minuti versando a filo il latte tiepido. Quando l'impasto è formato aggiungere un poco alla volta il burro pomata.

Trasferire sul piano di lavoro, formare una palla e mettere a lievitare per 2 ore.

Riprendere l'impasto e dividerlo in porzioni da 80 gr. Pirlare le varie palline ottenute.

Fare lievitare un'ora. Disporre i panini in teglia distanziandoli con cura, spennellarli di tuorlo d'uovo allungato con un poco di panna e cospargere la superficie di ognuno con i semini scelti.

Cuocere in forno statico secco a 190°C per 30 minuti.

Sommario

Ringraziamenti

Ringrazio la mia compagna Elisa, senza la sua stima e le sue critiche acute e costruttive questo libro varrebbe molto meno.

Ringrazio la mia famiglia: in primis mio padre Giovanni, mio fratello Davide e le mie meravigliose zie Amelia e Anna. Anche gli zii Carlo e Franco. Tutti loro hanno sempre supportato e dato forza alle mie idee e ai miei progetti.

Ringrazio i miei Maestri e i miei ex colleghi di cucina con cui ho condiviso parte del mio percorso, mi hanno insegnato molto e abbiamo vissuto momenti indimenticabili: il Maestro Gualtiero Marchesi, gli Chef Tiziano Rossetti, Michel Magada, Marco Soldati, Fabio Giacopelli, Bruno Ruffini, Daniele Turco, Dario Parascandolo, Sergio Ippolito, Massimiliano Battiniello, Alessandro Favrin, Ivano Mestriner e soprattutto gli Chef Roberto Cavallo e Alessandro Cabona (con cui ho condiviso la stagione più bella della mia carriera).

Ringrazio la Dieffe, Accademia delle professioni, ove lavoro, e il suo team di professionisti che operano nella formazione degli Chef e Maitre del futuro: il direttore della sede di Spinea Riccardo Dallavalle, la prof.ssa Alessia Ricci (senza la cui chiamata non sarei giunto in questa prestigiosa realtà), gli Chef Gianni Minuzzo, Giorgio Rossi e Simone Betteto, i Maitre Alberto Previatti, Matteo Biolzi, Franco Jurassich e Diego Alejandro Caiafa.

Ringrazio infine tutti i miei alunni, che, sempre attratti nelle ore di laboratorio culinario, mi hanno permesso di selezionare i contenuti trattati in questo libro. Essi sono l'origine e il fine del mio lavoro.

Andrea Rosti

Printed by Amazon Italia Logistica S.r.l.
Torrazza Piemonte (TO), Italy

14548622R00117